女孩的第一本社交心理学书

郑一◎编著

中国纺织出版社

内 容 提 要

人见人爱的聪明女人让人羡慕不已，她们说话讲究技巧、办事懂得人情，走到哪里都能左右逢源，再难的事情到她们手里，都会找到轻松解决的办法。交际是女人闯荡社会的必备能力，更是安身立命的智慧。女人要想在社交场上如鱼得水，不仅需要掌握各种交际策略和语言技巧，更要学会运用女性自身的优势和魅力来达到自己的目的。

本书联系女性的内涵、外貌、仪态、身姿、魅力、品位、修养、心机等展开了对女人交际优势的分析，告诉女人：如何内外兼修成为社交达人，怎样说话才能脱颖而出，如何在弹指间洞悉人心以及与各种人交往的实用技巧。书中提供了一系列实战策略，并且对女人交际中的弱点提出忠告和弥补的方法，希望你能够在现实生活中运用这些知识，使自己成为最会交际的女人。

图书在版编目（CIP）数据

女孩的第一本社交心理学书 / 郑一编著. — 北京 ：中国纺织出版社，2017.12 （2024.4重印）

ISBN 978-7-5180-4398-9

Ⅰ.①女… Ⅱ.①郑… Ⅲ.①心理交往—社会心理学—女性读物 Ⅳ.①C912.11-49

中国版本图书馆 CIP 数据核字（2017）第 314933 号

责任编辑：闫 星 特约编辑：王佳新 责任印制：储志伟

中国纺织出版社出版发行

地址：北京市朝阳区百子湾东里 A407 号楼 邮政编码：100124

销售电话：010—67004422 传真：010—87155801

http://www.c-textilep.com

E-mail：faxing@c-textilep.com

中国纺织出版社天猫旗舰店

官方微博 http://weibo.com/2119887771

北京兰星球彩色印刷有限公司印刷 各地新华书店经销

2017 年 12 月第 1 版 2024年4月第3次印刷

开本：710×1000 1/16 印张：13

字数：200 千字 定价：65.00 元

现代社会，女人的地位已经有了很大提高，她们在社交场上也越来越活跃，再也不是曾经的“大门不出，二门不迈”的千金小姐、大家闺秀了。有能力的女人，都在创造属于自己的事业；安心顾家的女人，也都秉承着“出得厅堂、入得厨房”的理念，竭力把自己打造成全面发展的新时代女性。

社交场上的女人，不一定要很美丽，但是一定要有魅力，魅力是女人从身体内部和心灵深处自然而然流露出来的一种气韵。有魅力的女人，讲究内外兼修，追求由内而外自然散发出来的美，这才是最有吸引力的美。

有魅力的女人，出现在社交场合的时候，会十分注意自己的身形、姿态。站坐有态、落落大方的女人才能吸引别人的目光，成为社交场上的赢家。

聪明的女人，更懂得用心观察生活，能从一点一滴的细节中发现自己需要的信息。每个人都会有许许多多属于自己的标志性动作，每一种动作的背后都可能隐含着一种心理秘密，如果能解析这些动作，你就可以洞悉他们内心最真实的想法。

聪明的女人很会说话，知道什么话该说，什么话不该说，该说的话怎样说，不该说的话如何管住自己的嘴而不失言，她们深知，掌握说话的艺术是女人必须具备的一种基本社交技能。聪明的女人，会运用女性自身的优势和魅力来达到自己的目的，掌控人际交往中的主动权。所以，她们才能在社交场上站得更稳，走得更远。

本书从女性的内涵、外貌、仪态、身姿、魅力等方面，对女人交际优势进行分析，针对女人的弱点给予建议和忠告，告诉女人该怎样通过观察对方的言谈举止来洞悉对方的真实内心并且提供了一系列参考策略。希望喜欢社交的女人和在社交场上打拼的女人能够深切地体会到其中的意义和价值，并且在现实生活中能够运用这些知识，使自己成为交际场上最受欢迎的女人！

编著者

2017年9月

目录 CONTENTS

上篇:魅力女孩交际的心理绝招

第 1 章 着手提升自我魅力,女孩内外兼修交际自如 …………………… 3

宽容为女孩赢得好人缘 …………………………………………………… 4

聪明女孩懂得适度隐忍 …………………………………………………… 6

女孩因为“有爱”而美丽 …………………………………………………… 8

请大方使用你的温柔 ……………………………………………………… 9

做一个善解人意的女孩 …………………………………………………… 11

有修养的女孩更有交际魅力 ……………………………………………… 12

让魅力因礼仪更添光彩 …………………………………………………… 15

让香水为你的形象代言 …………………………………………………… 17

配饰体现女孩的好品位 …………………………………………………… 19

整体搭配凸显无穷魅力 …………………………………………………… 21

女孩永远不可以邋遢 ……………………………………………………… 22

从容的女孩让人敬佩 ……………………………………………………… 24

第 2 章 三言两语说进人心里,做个会说话惹人爱的女孩 ……………… 27

优雅的谈吐能提升语言魅力 ……………………………………………… 28

说话时发挥神态举止的作用 ……………………………………………… 29

聪明女孩用幽默提升人缘指数 …………………………………………… 32

女孩说话要有条理 ………………………………………………………… 34

聪明女孩不把话说“绝” …………………………………………………… 36

把话说到别人的心里 …… 37
让你的声音更美妙 …… 41
请给别人说话的机会 …… 43
善意的谎言为你加分 …… 45
人人都爱听赞美之言 …… 48
巧妙地拒绝他人 …… 50
批评的艺术 …… 52

第 3 章　利用女孩社交优势,把交际的主动权握在手里 …… 55
充分利用女孩的社交优势 …… 56
兴趣是拉近距离的最好通道 …… 58
了解他人的心理需求 …… 60
舍得付出的女孩易被人接受 …… 61
善于借力是女孩行事的智慧 …… 63
勇敢秀出自己 …… 65
酒桌之上会应酬 …… 67
适时舞出你的个性之美 …… 70
不说过头话,不做出格事 …… 72
记住别人的名字 …… 74
包容是赢得人心的奥秘 …… 76

第 4 章　展现你的美丽优雅,用大方的仪态提升交际魅力 …… 79
微笑是人际交往中的通行证 …… 80
向遇到的每个人问好 …… 83
一站一坐间流露女孩的文雅 …… 85
每一步都要走出女孩的优雅 …… 88
别在午餐中破坏自己的形象 …… 91
肢体语言可以提升你的魅力 …… 93
在品味咖啡与茶中展现高雅 …… 95
注重交谈礼仪,莫触动雷区 …… 98

注意打电话时的礼仪 …… 101
参加宴会不要因细节丢脸 …… 104

第 5 章 眼明心细观察入微，透过细节亦可以洞悉人心 …… 107
透过眼睛识人心 …… 108
从面部表情透视对方的心理活动 …… 109
看穿笑容背后的心情 …… 112
手上的小动作透露其心理活动 …… 114
走姿和坐姿反映出对方的心理状态 …… 116
从说话习惯看出一个人的真实性格 …… 118
从说话方式洞悉他人心理 …… 120
从穿衣打扮看出对方的喜好 …… 122
通过办公桌摆设看其内心 …… 124

第 6 章 女孩懂点心理效应，做人际往来中的主导者 …… 127
第一次见面留下好印象——首因效应 …… 128
让别人把你当做自己人——亲和效应 …… 130
让别人先看到你的优点——晕轮效应 …… 132
把自己的思想悄悄地灌输给对方——暗示效应 …… 134
改变自己在别人心中的坏印象——近因效应 …… 136
大方地把优越感让给他人 …… 138
先抑后扬的增减效应 …… 140
从对方最感兴趣的东西入手 …… 142

下篇：与各种人交往的心理技巧

第 7 章 女孩的交际带着芬芳，将心比心坦露你的真诚 …… 147
善待朋友 …… 148

倾听是一种有效的沟通 …… 150
如何让人情适可而止 …… 153
在交际中把握礼来礼往 …… 155
别单纯追求功利性交往 …… 157
交际往来要把握好“度” …… 159
要学会尊重朋友 …… 161
热情是打动人心的力量 …… 163
女孩要懂得适时沉默 …… 165
女孩要学会“糊涂” …… 168
学会宽容是成熟的标志 …… 170

第 8 章　女孩职场往来有眼色,与领导和同事交往要留心机 …… 173
读懂上司的体态语言 …… 174
随机应变,上司出错巧帮忙 …… 176
善于和领导交往 …… 177
说服领导的几点技巧 …… 179
与异性上司相处的智慧 …… 181
做领导的好帮手 …… 182
与领导相处要把握尺度 …… 184

第 9 章　把握与同事交往的恰当方式 …… 187
与同事交往要注意细节 …… 188
把握好职场友情的分寸 …… 190
幽默随和助你赢得人心 …… 192
真诚地关心每一位同事 …… 194
巧妙应对办公室冲突 …… 196

参考文献 …… 199

上篇

魅力女孩交际的心理绝招

第1章

着手提升自我魅力，女孩内外兼修交际自如

美丽的女人，不一定有魅力。但有魅力的女人，必定是一个美丽的女人。魅力是女人从身体内部和心灵深处自然而然流露出来的一种气韵。一个有魅力的女人，讲究内外兼修，由内而外散发出来的美，这才是真正的美。

宽容为女孩赢得好人缘

聪明的女孩喜欢用一颗宽容的心去对待别人，宽容的女孩既可以获得他人的尊敬，又可以与周围的人建立良好的人际关系，自己的生活也会因此而更加快乐。

“海纳百川，有容乃大；壁立千仞，无欲则刚”。为人处世宽容大度，既不会伤了别人，也不会伤了自己，宽容可以化解人与人之间的心结。一个有魅力的女孩，必然是一个胸怀宽广的女孩。在社交场上，女孩要学会宽容，只有懂得宽容的人，才能拥有快乐的生活，才能在给别人带来快乐的同时，也能给自己带来快乐。

有些女孩心胸狭窄，一辈子深陷于对他人的斤斤计较中，让名和利麻痹了自己的大脑，却不明白是小肚鸡肠让自己总是处于痛苦和烦恼之中。而那些聪明的女孩，喜欢用一颗宽容的心去对待别人，宽容的女孩既可以获得他人的尊敬，又可以与周围的人建立良好的人际关系，自己的生活也会因此而更加快乐。

有一位女性朋友，才华容貌样样出众，可是她在事业上却一直不顺利。其实原因很简单，就是她做人太爱较真。在人际交往中，只要他人犯了一点错误，她就会一针见血地指出来。对于他人的一点小错误，她总是揪住不放。时间长了，大家难免对她有抵触情绪，因此她工作起来，常常会遇到阻碍。每次与朋友见面聊天的时候，她总是不断地抱怨或指责别人，这些人里包括她的同事、合作伙伴和朋友。

一次，她和一位客户约好了会谈的时间，但是那天天气状况不太好，对方赶到的时候，比预约的时间晚了半个小时。尽管对方一再表达歉意，并说明原因，她却没有因此而原谅对方，反之，又是一通埋怨。对于她的批评和指责，大多数人刚开始还能接受，但是人都是有尊严的，她总是一而再，再而三地指责对方，只能引起对方的反感。回过头来，她又向别人抱怨和这些人

相处有多么困难。朋友们都劝她与人为善，尽量多关注别人的长处，不要老盯着别人的缺点不放，那样的话会活得很累。可她依然如故，丝毫没有检讨自己的意思。因此，她的生活依然不顺心。

“人非圣贤，孰能无过”。重要的是看你用什么样的态度去对待别人的过错。如果总是死咬住别人的过错不放的话，只能把矛盾激化。现实生活中有不少人有着与这位女士同样的毛病。总觉得自己高高在上，总是用自己的标准和好恶去要求别人，在她们眼中，周围的人身上全是毛病。这类人不乏精明，但是却少了一份宽大的胸怀。与他人交往起来，很难获得他人的尊敬，更不可能与他人建立良好的人际关系。因此，她们终其一生都会在烦恼与痛苦中度过。

一个有魅力的女孩，与他人交往时，总是严于律己，宽以待人。对于他人的行为举止，总能以一颗宽容的心待之。她们深知，对于生活中那些无伤大雅的事情，没有必要去较真，每个人都有独特的生活方式，如果他人的言行没有直接损害自己的切身利益，大可不必为此伤脑费神。对于他人所犯的错误，宽容的女孩总是尽自己最大的努力说服自己去原谅他人。所以，她们往往很容易获得他人的好感与认可，为自己赢得好人缘。

由此可见，女孩要学会宽容，需要做到以下几点。

1.控制好自己的情绪

有些女孩由于其性格特点，情绪有时候可能变化无常，甚至可能会任由自己发脾气。而一个聪明的女孩在与他人交往时，非常注意控制自己的情绪，绝不会在遇到问题时，先发脾气，然后再回过头来弥补不足，因为她们明白，这样做只会既得罪了人，又耽误了事，绝非明智之举。

2.怀有一颗感恩的心

当我们在生活中遇到挫折困难的时候，不要总是去抱怨别人给我们带来了怎样的不幸，而应该多想想他们给我们带来的快乐与感动。当我们获得成功的时刻，更要多想想那些曾经给予我们帮助和鼓励的人。总之，无论是对家人、朋友，还是领导、同事或是身边的其他人，我们都要怀有感恩的心。

3.学会反思

与他人交往时，对于那些与我们“不和”的人，我们应多回想一下，我们所做的不妥之事，是否对他们造成了伤害。如果遇到问题时，你只会从他人那里寻找原因，将永远做不到宽容地对待他人。更多时候，我们应该从自己身上找答案，也许正是自己做得不够好，才会出现“不和”的局面。所以，我们只有学会反思，才能做到宽容地对待他人。

一个宽容的女孩，往往是厚道的、耐心的、开明的、谦逊的、友善的、聪慧的。在社交场中，她能通过自己的举手投足赢得他人的尊重。在生活中，她能运用宽容去化解各种矛盾和纠纷，让自己生活得更快乐、更幸福，并与周围的人建立良好的人际关系。

聪明女孩懂得适度隐忍

一个聪明的女孩，在社交场中，必定能够把“忍”字放在第一位，适时向他人展现自己的人格魅力。

俗话说：“忍一时风平浪静，退一步海阔天空。”可见，在生活中，如果女孩能够保持一种随和的态度，遇到事情能够忍耐一下，人生可能就会发生很大的改变。女孩要想在社交场中获得成功，就应该有容人之量，斤斤计较绝对不是载福之道。一个聪明的女孩知道与他人交往时，若为一些鸡毛蒜皮的小事伤了和气，只会给自己带来无穷无尽的烦恼。

“小不忍则乱大谋”，一时的冲动、任性可能会导致严重的后果。一个聪明的女孩，在社交场中，必定能够把“忍”字放在第一位，适时地向他人展现自己的人格魅力。

《双面胶》中的女主人公丽娟嫁给了毕业后留在上海的东北小伙亚平。亚平在丈母娘家的帮助下，在上海买了房、成了家。亚平原本是标准的普通的丈夫，对老婆嘘寒问暖，端茶倒水，小夫妻亲密无间，恩爱无比。随着亚平父母的到来，矛盾由此产生，丽娟与婆婆之间从此开始了漫长的战争。在亚平的母亲看来，儿子是自己生的，他当然应该听自己的话，丽娟就是一个外来的媳妇，她希望以自己的生活方式去影响和改造丽娟；从丽娟的角度上来

讲，她嫁给了亚平，丈夫是自己最亲密的人，婆婆的那些老思想与现代的生活方式完全冲突，婆婆要想在这里生活，必须改正。双方从一开始就希望把亚平发展到自己的队伍中来，而且互不相让。

婆媳之间的矛盾与日俱增，摩擦也不断升级。在亚平的父亲住院后，婆媳之间彻底决裂，变得水火不容，即使在丽娟生下儿子之后，婆媳关系仍没有缓解。随着儿子说出“妈妈坏”这句话，整个家庭被推到悬崖边缘。最后丽娟将亚平母子逼上了无家可归的境地，亚平在妈妈的鼓动怂恿下，丧失了理智，将拳头疯狂地砸向了丽娟，一个原本完整的家庭最终走向破裂。

丽娟和婆婆的互不相让最终将原本幸福的家庭推向破裂境地。如果双方能够稍微忍耐一下，事情的结果可能就会有很大不同。作品中同样身为儿媳的阿蔡，在面对婆婆一次次的责难时，选择了忍耐，结局与丽娟截然相反。忍与不忍只是个态度，但是截然不同的态度会带来截然不同的结果。一个懂得忍让的女孩，在与他人交往时，她会以自己的人格魅力去征服他人，赢得别人的尊重。

当在交往中遇到问题时，聪明的女孩明白即使双方不可能成为朋友，但是也绝不可能成为“敌人”，只要稍微忍耐一下，事情的结果就可能向好的方向发展。正是因为懂得忍让，所以她懂得如何避免更坏的状况的发生。她也深知，适当的忍耐能为自己带来更多的赞誉，更有利于人际关系的良性发展。而一个冲动的女孩，却很可能会因为图一时之快而树立更多的敌人，最终走到孤立无援的地步。

当然，与他人交往时，忍让并不是一味地妥协，也不是要你做人做事毫无原则，更不是让你对他人一味地迁就、纵容，而是要讲究处理问题的方法。当你与他人产生矛盾时，你可能会因口舌之利争得了一时之快，但实际上并不能从根本上解决实际问题，相反，可能会为以后种下祸根。其实，这种时候，不妨平心静气地想一想，试着换一个时间，换一个角度考虑一下，可能你会有意想不到的收获。

随和、忍让是女孩的财富。聪明的女孩，懂得忍一时之气既可以巧妙地解决问题，又不会伤了彼此的和气；更懂得什么时候可以让，什么时候坚决不能让。一个遇到事情能巧妙忍让的女孩，生活中还会有什么过不去的坎儿呢?

女孩因为“有爱”而美丽

在人际交往中，一个有爱心的女孩，能够获得他人的尊敬，与他人建立良好的人际关系，进而实现人际交往的成功。

单身女企业家陈圆圆正是依靠自己的爱心，收获了事业上的成功。20岁时，陈圆圆到孤儿院领养了两个孤儿，至今为止，14年未婚母亲的不凡经历，让身边的人对她产生了由衷的敬佩。

她出生于普通百姓家，爸爸是黑龙江人，妈妈是新疆人，她继承了妈妈的美丽容貌和爸爸的率真性格。她热爱美的艺术，19岁的她已成了大连著名的时装模特儿。1994年，她在各类演出中屡屡获奖，被人誉为“大连第一模特儿”。随后，她多次应邀来到困难群体——孤儿院参观，贫富的反差，使她强烈地萌发了要把自己投身艺术模特所获得的金钱作为善款，造福于社会的想法。情系孤儿院的陈圆圆，作为一个未生育过的女性，最终收养了两名年幼的小男孩与她一同生活。从此，长达14年，善良的陈圆圆献给了两个孤儿无尽的爱。

男友无法接受陈圆圆“不再生育、以两个孤儿为亲生儿子”的条件，最终选择与她分手。面对感情上的变化，她毅然带着两个孩子走向新生活。她结束了六年的时装模特生活，为了把儿子抚养成人，她被迫走上了经商之路。然而，令她没有想到的是，“未婚女子抚养两个孤儿”的事迹如同一块金字招牌，引得许多好心人为她提供了商机。

她传奇的经历，感动着政界要人和艺术名家。汪道涵同志把自己亲笔临摹的毛主席手迹“向雷锋同志学习”赠送给她；著名电影艺术家把价值百万的中国画坛泰斗关山月的大幅“梅花图”转赠给她，以表示敬佩圆圆“傲雪梅花”般的品性。

如今，她经营着建筑装潢公司等几家企业，许多业务都是因为客户仰慕她的爱心而来的。而当年的两个孩子，都已长大成人。孩子给了她家庭的温馨，她相信，只要有爱心，对那些需要帮助的人多付出一些爱，世界将会变得更加美好。

爱心是构筑人类文明的必要条件，只有充满爱心，人类才会变得更加美好。一个有爱心的女孩，在人际交往中，能够获得他人的尊敬，与他人建立良好的人际关系，从而实现人际交往的成功。

1.一个拥有爱心的女孩，可以得到大家的认可

当别人遇到困难的时候，你的小小举动，可能就会帮助他渡过危机，为他带来很大好处，常常如此，你就能够在情感上获得周围人的认可。

2.一个拥有爱心的女孩，可以树立良好的道德风尚

一个勇于奉献自己爱心的女孩，能够为他人树立好的榜样。她的爱心举动，可以陶冶他人的情操，感动身边的人，从而带动大家一起奉献爱心，这非常有助于形成良好的社会风气。

3.一个拥有爱心的女孩，会拥有美满幸福的家庭

一个拥有爱心的女孩，会把自己的爱心渗透到生活中去，给自己的家人和孩子做好榜样，教育自己的孩子从小就要拥有爱心。这样的一家人，自然会拥有美满、幸福的家庭生活。

奉献爱心，并不一定要你捐多少钱，或是献出自己的生命。其实很简单，有时候可能就是让出来一个座位，或者只是说句关切的话语，或者是在过马路的时候把一位老伯伯搀扶过去。懂得奉献爱心的人常常是快乐的、满足的、幸福的，也是美丽的、动人的。

请大方使用你的温柔

在交际场中，温柔的女孩就像磁场一样，无论走到哪里都会不由自主地吸引着周围的人。

一个女孩，想要在交际场中发挥自己的才能，大可以潇洒、干练，做一个女强人，但有一点不能少：那就是温柔。温柔是女孩的天性，在交际的过程中，温柔的女性往往能深入对方的心灵，仿佛拥有吸引人的磁场，使得人们

喜欢接近或愿意接近她。

温柔是女孩为人处世的法宝。在生活中，你可能没有倾城的容颜、华丽的外表；在事业上，你的工作成就可能很一般，你的学历也不是太高，也许你的各个方面都不如他人。但只要你很温柔，就足以引起许多人的注意。只要你适时地表现自己的温柔，就可以很好地融洽与他人的关系。

温柔并不是一味地对他人撒娇、发嗲。真正温柔的女孩，与他人交往的时候，总是心思敏捷、知轻知重、善解人意、恰到好处。真正温柔的女孩是微笑的天使、爱心大使。所到之处，能够抚慰受伤的心灵，平复他人的创伤。温柔也不是软弱，不是逆来顺受。温柔是大度、仁厚。温柔所具有的韧性，足以使女孩承受生活中所有的磨难。

那么，在人际交往中，我们要从哪些方面做起，让自己成为一个温柔可爱的女孩，进而受到大家的欢迎呢？

1.通情达理，善解人意

温柔的女孩与他人交往时，懂得谦让和宽容，能够设身处地地替他人考虑，不会让对方难堪。当他人出现错误的时候，她会宽容地对待。温柔的女孩，富有同情心，对于弱者、境遇不佳者、老人、小孩和病人富有同情心，并会尽自己最大的可能帮助他们。通情达理、善解人意、富有同情心，这是女孩的温柔在待人处世中的集中表现。

2.学会微笑，利用温和的眼神打动他人

微笑的表情，可以给他人带来安全感，在交际场中，能够赢得他人的信任。因此，温柔的女孩要学会微笑。同时，温柔的女孩还必须具备温柔的眼神。与他人交往时，你可以运用自己温和的眼神，表达自己温柔的性情，获得他人的好感，以利于建立良好的人际关系。

3.遇到问题时要冷静思考

温柔的女孩，要懂得克制自己的不良情绪。与他人交往时，若遇到不顺心的事，她们总是先让自己冷静下来思考问题，而不是暴跳如雷或火冒三丈，更不会凭一时冲动行事。

女孩温柔到了极处，就是一种力量，是女孩发自内心的魅力，它不是声音，不是语言，是女孩的力量和气场。温柔的女孩更容易赢得众人的尊敬与

喜爱。温柔的女孩,浑身散发着迷人的气息,让人在不知不觉中沉醉。做个温柔的女孩吧,相信温柔的你也可以在社交场中获得更大的成功!

做一个善解人意的女孩

一个善解人意的女孩会运用自己的聪明才智,巧妙地处理生活中的难题,建立自己的人际关系网,创造自己的幸福。

亚丽是一家公司的接待员,某一天,公司来了一位非常端庄的外籍女经理,她的主要任务就是负责招待这位外籍经理,让对方有宾至如归的感觉。第一天上午,经过一系列观光行程后,她连续两次路过餐厅时都询问对方:"夫人,您肚子饿了吗?"可是,对方总是客气地摇头。亚丽想,现在用餐时间已过,但是对方午饭还没有吃,为什么她不愿意进餐厅吃饭呢?

后来亚丽终于想明白了:外籍经理因为人生地不熟,又不好意思麻烦大家,所以想尽快结束行程。于是,亚丽有了主意,她换了个方式问:"夫人,我早上出来时怕时间赶不及,只吃了一点饼干,现在我有点饿了,听说这附近有家台湾小吃很不错,您陪我吃点东西,好吗?"对方听了亚丽的话,正合心意,便欣然前往。

由于亚丽准确地洞察了外籍女经理的心理,从对方的角度出发,转换立场,用恰当的方式,顺利地完成了交际任务。善解人意的女孩,懂得"感同身受",能够从不同的角度看事情,从而准确地找到事情的关键,然后再运用自己的聪明才智,处理好各种状况。

当今社会,竞争激烈,人与人之间的关系日渐淡漠,而善解人意的女孩就像冬日里的暖阳,给他人带来一丝温暖,又像夏日里的树荫,给他人带来一丝凉意。在人际交往时,善解人意的女孩能够赢得他人的尊重,建立良好的人际关系,从而为自己的事业打下良好的基础。

善解人意的女孩不仅要有宽广的胸襟,对他人的各种言行,能够包容、接纳,同时还要有聪明的头脑,会运用自己的聪明才智,巧妙地处理生活中

的难题，创造自己的幸福。那么，如何做才能让自己成为一个善解人意的女孩呢？

1.与人为善，善待他人

美国文学家切斯特菲尔德说："用你喜欢别人对待你的方式去对待别人。"

人，都是需要别人理解、同情和尊敬的。想要成为一个善解人意的女孩，首先要拥有宽广的胸怀，处处与人为善。只有一个拥有善心的女孩，才能够尊重他人的人格，欣赏他人的才华，包容他人的错误，当双方的观点不一时，能够站在他人的角度上去考虑问题，而不是一味地计较自己的得失。因此，想成为一个善解人意的女孩，先要改变自己的观念，让自己拥有一颗善心。

2.理解人、体察人

与人交往时，善解人意的女孩，善于发现他人的难处，并能够运用自己的聪明才智，化解他人的困境。善解人意的女孩，无论什么时候，都不会以自我为中心，她们能够设身处地地替他人着想。

她们会适时地对窘迫的人讲几句解围的话，对颓丧的人讲几句鼓励的话，对迷途的人讲几句指引的话，对自卑的人讲几句振作的话，对苦痛的人讲几句安慰的话……这些精神兴奋剂，既不花什么金钱，也不耗费多少精力，而对于需要帮助的人来说，却是雪中送炭。

善解人意的女孩就像一件玲珑剔透的物品，让人觉得舒适又珍贵。善解人意的女孩，既能处理好人际关系，又能展现出自己的迷人魅力。为什么不去尝试做个善解人意的女孩呢？

有修养的女孩更有交际魅力

18世纪末，政治家、思想家勃客曾写过这样的话："教养比法律还重要……它们依着自己的性能，或推动道德，或促成道德，或完全毁灭道德。"

一个女孩可以不漂亮，可以不美丽，但是一定不能没有教养。教养是一

种潜在的品质,是一种美德。良好的教养是提升交际魅力的重要法宝之一。

男人们通常都很尊敬那些拥有良好教养的女孩,并且常常试图接近她们。如果条件允许的话,能把这样的女孩娶回家,共度一生,是他们的人生梦想之一。

常常听到一句话:“女孩没修养绝对是男人不可以容忍的事情。”生活中,许多女孩看上去十分美丽,但她们行为粗鲁,往往惹得男人们望而却步或者心生厌恶;相反,那些相貌平常,但言谈和举止富有修养的女孩常常能赢得男人的心。

吴汉出生在一个经商世家,是一个含着金汤匙出生的公子哥。他在英国剑桥大学取得工商管理硕士学位后,回国帮助父亲打理公司。毫无疑问,吴汉成了公司所有未婚女性心目中的白马王子。到公司上任不到一个月,收到的情书就可以用麻袋来装了。但是吴汉一直洁身自好,并未和任何女孩传出绯闻,但是半年后一个“晴天霹雳”传来——吴汉和公司策划部部长唐羽茗谈恋爱了!

唐羽茗并不算漂亮,顶多是中等姿色,家里的背景也很普通。这样一个女孩怎么会吸引吴汉这样的公子哥呢?不甘失败的女孩们纷纷在背后恶意中伤唐羽茗,说唐羽茗趁吴汉醉酒故意勾引他,吴汉是被迫答应恋爱什么的。唐羽茗面对这些谣言泰然若之,倒是吴汉听不下去了,出来为恋人辩解,说是自己主动追求唐羽茗的,还说出了自己选择她的原因——她的教养。

“我观察小茗很久了,”吴汉笑着说:“她无论是开会、赴约,还是做客,都从不迟到。和她聊天的时候,她从不打断别人的谈话。她一定会听完对方的发言,然后再去反驳或者补充对方的意见。她尊重别人的观点,即使她不同意,也从不喊叫什么瞎说、废话、胡说八道,而是陈述理由,说明不同意的原因,和她聊天实在是很舒服。还有,在公共场所她总是举止得体,而且相当有爱心和孝心。我觉得和她在一起是一种享受,我追她可是追得很辛苦呢!”听完吴汉的话,公司的员工们都沉思良久。

唐羽茗以她良好的教养,轻而易举地击败了各路美女,掳获了爱人的心。由此可见,对于女孩来说,良好的教养是多么重要。

《中国美容时尚报》社长兼总编辑张晓梅说:“女性修养、女性魅力是需要用心体味和感悟的,它是女孩修炼的结果。通过不断地修炼,每个女孩都可以今天比昨天、明天比今天更有魅力。更重要的是,是否知晓魅力的重要性,是否愿意不断学习提升魅力的方法,是否能够把提升魅力作为生活的一个重要内容,并为此做出长期不懈的努力。”培养无所不在的教养习惯,正是女孩们提升魅力的一大法宝。

珍溪的老公吵着要和她离婚,珍溪大为吃惊,死活不同意。珍溪和老公结婚快 15 年了,女孩最美好的年华都是陪着他度过的,老公怎么能这样没良心,说离就离呢!珍溪采用了女孩常用的“一哭、二闹、三上吊”的死缠烂打方式,希望挽回自己的婚姻。她不明白,自己含辛茹苦地扶持他,打理这个家,陪伴他度过十几年的光阴,不管有钱没钱都跟着他创业打拼,并没有做对不起他的事,他为什么要离婚呢?她的老公也不是人们想象中的大款,只不过是个普通的出租车司机,目前还在起早贪黑地挣钱养家。

但是丈夫要离婚的决心似乎很大,并且起诉到了法院。法官问他:“你为什么要和太太离婚?”男人说:“她不顾我的面子,经常在大街上像‘泼妇骂街’似的骂我,我为此羞耻不已。我曾经跟她提过好多次了,有什么问题可以回到家里再解决,但是她就是不改!我已经忍了太久,不想再忍,就像一只气球,被不断吹大,吹到一定程度,到了它的极限时,就会爆炸。我就像是快要爆炸的气球一样。”

一个没有良好教养的女孩,总是让她的老公难为情,即使她“出得了厅堂”,她的老公也不愿意让她“出厅堂”。因为他时常会担心自己的女孩会不会做出什么让自己丢脸的事,使自己成为别人的笑柄。

而有教养的女孩却静若幽兰,芬芳四溢;她们像潺潺溪水,让周围的人被浸润;她们不会随着岁月的流逝而渐失光泽,只会越发耀眼迷人。时间可以褪去女孩的容颜,但却扫不走女孩经过岁月的积淀而焕发出来的魅力,这份魅力正是由女孩的教养孕育的。

良好的教养是一种人生体验到极致的感悟,是一种人生感悟到极致的平静,那是一种更为简单、纯净的心态。女孩们,如果你们还不具备良好的教养,请加快你们的步伐,好好为之而努力吧!

让魅力因礼仪更添光彩

拥有良好社交礼仪的女孩，不易伤害他人的情感，因此也更容易获得他人的好感和信任。

有一首诗是这样写的："微风初起，撩起女孩额前一缕秀发，这与晨曦的柔光独成一处风景。"女孩，是这个世界上不可或缺的美丽，在与人交往中，良好的社交礼仪更让女孩成为一道靓丽的风景线。

社交礼仪是人们在社交场合应该遵循的礼仪规范。在改革开放日益深入的今天，社交已成为每个人日常生活中不可缺少的内容。国外有关学者的研究表明，不论你的工作和职务是什么，如果学会了社交，那么你就在通往成功的道路上走完了85%左右的行程，而在获得幸福上已有了99%的把握。女性往往在社交生活中扮演着举足轻重的角色，一个女孩如果在社交生活中拥有良好的礼仪，就能赢得尊重，取得成功；反之，纵有满腹经纶，也可能会处处碰壁，一事无成。

俗话说："和谐幸福的家庭往往是因为有一个好女孩，协调有序的社会往往是因为有一群好女孩。"而拥有良好社交礼仪的女孩更是这群好女孩中的佼佼者，因为女孩的社交往往在某种程度上直接决定和影响着整个社会的交往。女性社交，既是社会生活之需要，也是人类生理与心理之需要；既是为了工作和事业，也是为了自己的幸福生活。既然这样，那么，怎样让自己具备良好的社交礼仪呢？

首先，女孩们必须了解自己在社交中的优势，并好好地加以利用，自由、快乐地驰骋于社会大舞台上。科学研究已经证明，女性在社交方面拥有独特的优势和无穷的魅力。她们情感细腻、柔和，更容易体验负疚心理，能够设身处地地考虑他人的境遇。优雅的女孩常常因为得体的礼仪在社交场合中赢得他人的尊敬，从而获得他人诚挚的友谊和帮助，顺利地扩大自己的人脉，进而实现自己的人生价值。

其次，女孩们要克服在社交中的胆怯和自卑心理。"万事开头难"，社交也是如此。不少初涉社交场合的女性，会感到心理压力极大。她们不敢主动与人攀谈，也不知如何与人交谈，这导致她们常常会被孤立在一边，失去了结识朋友的宝贵机会。

美西第一次跟着上司去参加一个社交活动的时候，紧张得全身发抖。尽管她已经花了好几个小时修饰仪容仪表，尽管她把书上写的那些社交规则背得滚瓜烂熟，但是依然控制不了紧张的情绪，感到局促不安，无所适从。

美西在随后的两个小时内所做的唯一一件事就是紧紧地跟在老板后面，什么也不敢讲。她的老板穿梭于人群中，和公司的客户、贸易伙伴联络感情，大方得体，举止优雅，如鱼得水，左右逢源。美西在后面一脸羡慕地看着她的老板和别人谈笑风生，为自己没有一个外向、开朗的性格嗟叹不已。那次活动结束后，美西对老板说："我真羡慕您，您一点也不怕生，跟谁都聊得来。要是我能有您一半的开朗就好了。"老板听完笑着说："其实刚才跟我交谈的很多人我都不熟悉，有的甚至还是第一次见面的陌生人。其实，没有什么人是社交活动的熟客，最重要的是把自己当作主人。当你觉得自己的本分是照顾好别人、让别人感觉舒服时，你会很自然地忘记自己的尴尬。"

其实，无论你的性格偏于内向还是外向，你都可以学习一些技能，在社交活动中将自己最好的一面展现出来。

另外，在社交中一定要注意谈吐。不要尖酸刻薄地批评别人，也不要当"长舌妇"搬弄是非。人们喜欢用"刀子嘴，豆腐心"来形容女孩，而大部分女孩也的确如此。有些女孩的心地或许是善良的，但那两片不服输的嘴唇却往往容易坏事，影响了女孩的交际效果。

"长舌妇"也是很让人头疼的。今天张家婆媳打成了一团粥，明天王家三儿子在镇里惹了什么事……如此种种，女孩们说得眉飞色舞、唾沫横飞。这样的女孩常常会导致邻里不和、纠纷四起，还会使身边的朋友感到心寒，不愿和她交心，就怕一不小心自己的糗事就"一传十，十传百，变成众人皆知的'秘密'"。

在社交中，只有真正站在他人立场上，为他人着想的女孩才会受到欢迎。

惠敏当上护士已经两年了，深受患者和同事的喜爱。尽管她长得并不漂亮，但她谦逊、大度、热心助人。无论是谁找她帮忙，惠敏都尽自己最大努力去帮助他们。

新同事在工作中发生了失误,她总是微笑着安慰她说:“我刚来时也这样。”病人心情烦躁时,她宽言抚慰到:“您别着急,很快就会好的。”她的话语,总是能使陷入困境的人感受到一丝温暖和希望。因此,她的人缘非常好,在工作一年后,就顺利被提拔为护士长。

拥有良好社交礼仪的女孩,不易伤害他人的情感,因此也更容易获得他人的好感和信任;她们语言温和、委婉,易于接受;她们感觉灵敏,善于协调与他人之间的关系;她们总能够立足于自身优势,灵活运用社交艺术,为自己树立最佳的社交形象。

让香水为你的形象代言

女孩的美丽、优雅、性感、浪漫、恬静、柔情、洒脱、活泼都可以借着曼妙的香气传递给他人,展现出自己独特的个性。

在社交场上,美丽的妆容和得体的服饰等外在的视觉形象,可以给人留下深刻的印象。但有的时候,能令人回味无穷、永久不忘的,却是无形的香水味。香水是女孩在交际场中必不可少的工具之一,隐隐约约飘散的香气,是衬托女性魅力的无形装饰品。正确的使用适合自己的香水,既可以提高周围人对你的好感,又可以在人际交往中增加自己的魅力指数,这样才有利于社交活动的进行。

在现实生活中,女孩的服饰、妆容都是有形的,唯有香水是无形的。在交际应酬中,女孩的美丽、优雅、性感、浪漫、恬静、柔情、洒脱、活泼都可以借着曼妙的香气传递给他人,展现出自己独特的个性。成功的女孩,懂得巧妙地运用香水来提高自己的社交地位,让自己更自信,更受欢迎。但是,如果香水使用不当的话,就会适得其反,让周围人对你产生反感,因此能够正确、巧妙地使用香水,也是现代女性在社交场上必须掌握的基本常识。

李莹毕业没多久,便找到了一份不错的工作。经过一段时间的摸索,她

已经能够独立地完成任务。这天她第一次单独与客户商谈合约。为了让自己与对方交谈时能够更有信心，她特意学着用了一点香水，希望给对方留下一个好印象。她早早起来，给自己化了一个精致的妆容，临出门前，还把自己新买的香水，往身上喷了一些，她怕效果不好，在身体其他地方又补充了一点。本以为这样会让对方产生好感，可是双方交谈时，对方明显心不在焉，这让她的自尊心备受打击，她也没精神继续商谈下去，只好草草结束。可想而知，结果很糟糕，她心里很难过。后来主任让她去汇报工作，她便没精打采地走进主任的办公室，还没等她坐下来，只听主任说道："老天爷，你用的是什么牌子的香水，怎么味道这么浓啊？参加会议的时候，这种味道不合适。"听了主任的话，她幡然大悟，想起交谈时对方不时捂鼻子的动作，顿时觉得非常尴尬。

在社交活动中，李莹本想借着香水给自己增加信心，反而弄巧成拙。可见，香水的使用也是有学问的。要想让香水在社交场上发挥作用，必须掌握一些基本的使用常识，正确地使用香水，这样才能在社交活动中为自己增加魅力，建立良好的人际关系。

那么如何正确地使用香水，才能为自己在社交场上增加魅力指数呢？

1.不同的时间、场合，选择不同类型的香水

在社交场合，应用淡雅清新型的香水，给人一种耳目一新的感觉；夏季应以清淡的香水为主，如古龙水和淡香水；冬季由于温度低，香水应相应增加浓度，用浓香水或香精。

2.香水要喷对地方

使用淡香水、香精时，可喷洒在耳垂后方、锁骨、手肘内侧、手腕、膝盖后方等部位。由于这些地方都是血管大量汇流处，温度比较高，香味也容易散发出来。因为腋下会有菌种滋生，当香水与菌种所产生的不好气味相融合时，会产生异味，所以，香水不宜使用在易出汗或汗腺发达的部位，以防产生令人难以接受的怪味。香水亦不能涂抹在暴露的部位，以防因外界阳光和温度的变化影响而使香水发生改变。

3.香水不能在一个地方喷很多

身体的温热有助于香气的散发，同时环绕在身的淡淡香气，能带给人似

有似无的朦胧美感，体现香水的魅力。最好喷洒在空中，然后使其均匀地落在身上。

香水是感性的，不同的女孩选用不同的香水，会给人带来一种别样的风情。女孩可以通过正确使用香水，使自己显得成熟，并提升个人魅力，让自己看起来更迷人。

配饰体现女孩的好品位

饰品是女孩身上的艺术品，它可以反映出女孩的审美品位。

饰品对于女孩是一种点缀，也是女孩审美品位和生活质量的凝聚点。一件小小的饰品，可以灵动地展现出魅力女孩独特的品位和审美观。

然而，不少女性朋友，为了在社交场合给他人留下好印象，宁愿花钱买衣服，也不舍得花钱买饰品。其实，一件好饰品有时会比服装更出彩。饰品的种类繁多，有纯装饰性饰品，如头饰、胸饰、臂饰等。还有一些既实用又有装饰作用的饰品，如腰带、包、手表等。饰品与人的服装、气质相得益彰，可塑造出女孩的千种姿态、万种风情。

二十几岁的吴梅，穿衣打扮很时尚，追求个性、另类。前几天，她看上一款黄金戒指，虽然做工比较精细，但是戴在她那纤细的手上，非常不协调。从色泽上看，也与她的年龄不相符。任谁看到她手上的饰品，都会怀疑她的审美能力。朋友劝她换掉，可她却说："这才叫个性呢。"后来，她参加朋友聚会时，有几个关系很要好的朋友问她："你怎么会选择这个款式啊？我觉得你选择银色的会更好看。"刚开始的时候，她还蛮自信的，但提出否定意见的人多了，她也开始怀疑自己的眼光了。

在这个追求时尚、个性的社会，像吴梅这样的人为数不少。她们想在人际交往中通过饰品展现自己的魅力，却不明白饰品只能服务于人的整体搭配。如果一味地追求饰品的突出地位，只会适得其反，由此可见，掌握饰品的佩戴技巧是很重要的。尤其在交际场上，女孩更应该注意饰品的选择与

佩戴。要想让饰品发挥其最大的优势，你就应该掌握各种场合饰品的佩戴技巧，这样才能让你在人际交往中变得更加从容、美丽。

1.工作场合

爱美是女孩的天性，只要选择得当，职场女强人亦可以通过饰品展现出自己优雅、美丽的一面。工作中需要处理很多事情，可能总是会处于忙碌状态。因此，工作场所的女性朋友们，在选择饰品的时候应以简单款式为主，避免佩戴过于夸张的珠宝饰品。一方面，不要因为自己佩戴的饰品而影响工作；另一方面，不要给他人造成你在炫耀自己的错觉，这样也不利于你和周围的人和睦相处。冷色系的银色饰品要比暖色系的金色更适合搭配职业装，可以给人一种干练、利落的感觉，同时也有利于人际关系的建立。

2.参加派对

华丽的灯光能使人更神采奕奕，高贵华丽的晚礼服应选择一些款式简单大方的饰品搭配。衣服的色彩缤纷，与饰品的熠熠生辉相陪衬，使你看起来像星星一样闪亮，更引人注目，保证你会成为晚会上最闪耀动人的一个。聪明的女孩懂得适当的首饰可以增加自己的光彩，过于闪耀的首饰可能会夺去自己的风头，过多的饰品可能会影响大家的视觉，也会给自己的社交活动带来不利。

3.休闲度假

只要掌握了饰品的搭配技巧，休闲度假中你一样可以做个光彩夺目的女孩，有助于使你获得他人的好感。在户外运动时，饰品应以简洁大方为主，一些休闲的小饰品也是不错的选择，如金银、珍珠、宝石制作的项链、耳环、戒指、镯子等饰物，虽然做工比较简单，但是同样可以展现出女孩的高雅、华贵，只要适合自己的身份及活动场所的要求，均有助于赢得大家的好感。

在社交场合，得体的饰物，能起到画龙点睛的作用，可以轻松地体现出女孩的品位，有利于提升女孩的交际魅力，让女孩焕发风采，甚至成为交际场上的焦点人物。当然，无论选择什么样的饰品，都必须记住，饰品应服务于整体搭配，这样才能有助于你更好地展现自己的魅力和审美品位。

整体搭配凸显无穷魅力

一个有魅力的女孩，懂得如何挖掘自身的优点，然后围绕其做文章，达到最佳的着装效果。

“一种米养百种人”，同样的，同一件衣服不同的人穿，可以搭配出百种风情。衣着搭配和一个人的审美品位是密不可分的。在一定程度上，服装的整体搭配可以展现出女孩的审美品位和个人修养。如果整体搭配得当，可使人显得端庄、优雅、风姿绰约。某些特殊的场合，得体的装扮更会让你获得某种交际优势；反之，则会使人显得不伦不类、俗不可耐，影响他人对你的整体评价，不利于社交活动的进行。

拥有娴熟的整体搭配技巧，可彰显出与众不同的品位，能够轻松吸引他人的目光，但并不是每个女孩都能做到这一点。那么，如何才能做到这一点呢？

1.根据自己的着装风格对潮流进行取舍

在社交场中，女孩要想展现出自己的仪表美，首先要确定自己的审美品位，能够根据自己的身材、性格、气质等条件，在自己欣赏的审美基调中，加入时尚元素，融入个人品位，形成自己的着装风格，而且不会被千变万化的潮流所累，这是成为魅力女孩必须具备的一种技能。

2.选择和自己的身材、肤色、气质能够“速配”的衣服

也许精美的橱窗里摆放的那些服装看上去非常漂亮，但却不一定适合你。整体搭配的原则是服装要与你的身材、肤色、气质相辅相成、和谐统一。因此，成功的服装搭配应该做到扬长避短，呈现出最美的状态。只有这样，才能让女孩在社交场上，展现出自己最自信的一面，为自己增添交际风采。

3.依据身体优势，营造视觉中心

一个有魅力的女孩，懂得如何挖掘自身的优点，然后围绕其做文章，达到最佳的着装效果。如果你想在着装上出彩，可以有意识地营造视觉中心。你所选择的视觉中心应该是最能表现你的优点的部位，然后通过特殊的手段来突出表现。如你的脖子很漂亮，就尽量围绕脖子做“文章”，可以通过项链或其他很能表现你个性的饰品来吸引他人的目光。

总之，要尽量把他人的目光，吸引在你最值得骄傲的地方，从而忽略你的不足之处。但需要强调的是，这样的视觉中心一般以一个为好，最多不能超过两个，否则会分散他人的注意力，也会显得俗而夸张。

女性着装的魅力各具风采、各有特色。在社交场中，与自身风格相符的服装服饰搭配，能够反映你的品位与修养，有利于他人更好地了解你、接近你，使你更容易得到他人的认可与接纳，从而顺利完成社交活动。总之，只要掌握了整体搭配的技巧，你也可以成为服装搭配高手，并能在社交活动中，更好地展现个人的交际风采。

女孩永远不可以邋遢

女孩的美丽犹如一道优美的风景线，可以让周围的世界因其变得丰富多彩，也可以让自己的生活变得更加美满、幸福。

女孩可以不漂亮，但是不可以不整洁，女孩的美丽可以吸引他人的目光，而女孩的邋遢却让人不敢亲近。一个长相再漂亮的女孩，如果整天邋邋遢遢，也会让人厌恶，在交际场上更是如此。所以，邋遢的女孩，无论是在职场还是情场，都很难引来别人欣赏的目光。

无论在什么场合，人们都喜欢看那些美好的事物，而对那些衣着整洁的人更容易产生好印象。一个整天邋里邋遢的女孩，很难吸引他人的目光，也难以获得他人的尊重，很多时候，还会影响工作。

王霞是办公室里最年长的一个，没生孩子之前，她的生活很精致。可是自从生了孩子，她变得一天到晚邋里邋遢，做事丢三落四，每天头发乱蓬蓬的就去上班。有一天，她到了办公室才发现自己穿着拖鞋，回家换鞋显然已经来不及了，她想，如果主任看到她穿着拖鞋上班的话，一定会严厉地批评她的。正当她在那里思量着如何应对时，主任派人转告她今天小陈请假，让她准备一下，稍后去某公司办理业务。她心想，这下不用担心了，等办完业务，顺便回家一趟，把鞋换了就可以了。

她要去的那家公司一直是小陈在负责，所以没有人认识她。刚到对方公司大门口，她就被保安拦了下来。保安上下打量了好几遍，要她出示证件。她把自己的包里里外外找了几遍也没找到，这才想起来，刚才她只顾着想鞋的事情，把自己的证件遗忘在办公桌上了。看她半天拿不出证件，保安便对她说道："这里谢绝推销，你赶快走吧。"无论她怎么解释，对方都置之不理，她只好先回家把鞋子换了，然后去公司取自己的证件，再到该公司办理业务。结果可想而知，她耽误了很长时间，对方的人都等得不耐烦了，差一点就把事情给耽误了。

一些女性朋友，尤其是结了婚、生完小孩以后，会变得邋遢起来。她们会穿着睡裙、拖鞋上菜市场；上班的时候匆匆忙忙，每天都在小跑，甚至顾不上把那些竖起的头发梳理整齐；有时候错把孩子的书当成资料拿到公司去。也许，有人会把没钱或没时间当做自己邋遢的借口，然而，同样的生存环境，为何别人能把生活、工作打理得井井有条呢？一个邋遢的女孩，在一定程度上讲，就是不懂得爱惜自己的人，试想一个连自己都不爱惜的人，怎么会得到他人的重视呢？

虽然女孩是否爱整洁、爱打扮，与个人的性格有关，也和父母从小的教导有关，但后天的自我控制和管理能力，才是女孩邋遢或整洁的关键原因。一个邋遢女孩，她的自我控制能力和管理能力肯定好不到哪儿去。因此，在交际场中，不可能有人会把重要的事情交给一个邋遢的女孩来做。邋遢的女孩注定不太可能让人委以重任，也很难得到他人的赏识，更不容易有什么大的作为。

女孩的美丽犹如一道优美的风景线，可以让周围的世界因其变得丰富多彩，也可以让自己的生活变得更加美满、幸福。爱美之心，人皆有之。作为女孩，不能给自己的邋遢寻找任何理由和借口，一定要将美丽进行到底。

从容的女孩让人敬佩

人际交往中存在着诸多复杂的因素，对于心地善良、美好的女孩来说，与人打交道，总有那么一点点紧张，甚至是害怕。在这种心理的作用下，她们在社交场合总是显得像羞答答的玫瑰，自身的光彩无法完全显现出来。

然而，对于那些拥有从容的心态的女孩来说，为人处世给人的感觉恰恰相反。从容的女孩如一杯清茶，柔和、知性，弥漫着淡淡的思绪、淡淡的优雅；从容的女孩如一缕清风，简单、自然，洋溢着淡淡的芬芳、淡淡的宁静；从容的女孩如一朵雏菊，纯洁、温和，散发着淡淡的清香、淡淡的气质。

见过赵雅芝的人无不感叹她从容淡定的魅力，领略到青春不老的真正内涵。“芝姐，我爱你！”只要赵雅芝在公共场合亮相，这种惊呼便此起彼伏。赵雅芝容颜不改、青春常在、魅力不减的秘密何在呢？赵雅芝说：“我尽量不挑食，常吃清淡的食物，尤其喜欢吃甜食，虽然有发胖的危险，但吃甜食让自己特别有满足感，对保持年轻也有辅助作用吧。不过吃什么不是关键，从容的心态才是最重要的。”

的确，从容的赵雅芝委实备受瞩目：身为艺人，她人气持续了三十年；身为女孩，她是三个儿子的妈妈和老公眼中的贤妻；参加活动，她多和老公结伴而行；出去拍戏，她也忘不了照顾孩子和家人；身为公众人物，她没有绯闻缠身。赵雅芝能从容地把家庭与事业、个人与公众的平衡点摆在最佳位置上，而这个均衡让她收获了很多，拥有了更多快乐。

女孩在人际交往中，要先修炼一颗从容的心。人们之所以愿意接近赵雅芝这般从容的女孩，是因为她们永远乐观开朗、挥洒自如，为人做事不急不慢、不躁不乱、不慌不忙、井然有序，面对变化不愠不怒、不惊不惧、不暴不弃，即使遭遇挫折也绝不气馁、坦然面对，身上焕发着蓬勃的生机，散发着向上的力量、饱满的激情。

杨慧丽出生在一个小县城，生下来 8 个月时，她便被病魔夺去了健康的躯体，下肢全瘫，右手肌肉严重萎缩，仅左手能稍作活动，注定只能在轮椅上

生活一辈子。可她从18岁时就开始独闯世界，她靠着摆五分钱一本的小人书地摊起家，历经艰辛，终于拥有了一家大书店。经营了十余年，有了一些积蓄，30岁时她办起了家乡的第一家私人幼儿园——友谊艺术幼儿园，如今已形成一园两部、400多入园幼儿的规模了。接着，她创办了县里、市里第一家特殊教育学校——湘阴县特殊教育学校，多年下来，使近百名残疾、弱智少儿入学，如今仍有53名在校学生。随后，她又创办了集小学、初中、高中于一体的以她的名字命名的实验学校，这也是湘阴县城里第一家民办学校，学校如今已达到了25个教学班、900余名学生的规模，很多人慕名而来。

她漂亮吗？不，她被无情的病折磨得柔弱瘦小，可是谁见到她都会被她浑身透出的从容和淡定所震撼！这就是一个从容女孩书写的生命奇迹。从容的心态，反映了一个女孩的气度、修养和性格；显示了她对生活和生命的态度，面对困难、面对困境时的方式；袒露了她的目光与智慧、胸怀与气度，面对社会、朋友的责任；折射了她的心灵与品格，面对人生、事业时的追求。

中学时，吴小莉从容的心态就凸显了出来，她以镇定、坦然的从容深受同学们的拥戴。久而久之，她也以此为乐事，立下志向，将来要成为一名为百姓仗义执言、伸张正义的记者或律师。于是，在报考大学时她把两个志愿都填了上去，并以优异的成绩考上了台湾辅仁大学大众传播系。大三时，她成了辅仁大学《传播者》杂志的主编，集采访、组稿、编辑、版式设计和发行于一身，忙得不亦乐乎。那是吴小莉第一次接触传媒这个行业，碰壁的苦恼、收获的喜悦不仅让吴小莉开阔了视野、增长了才干，更历练了她从容的心态。

大学毕业后吴小莉开始进入电视圈，她的第一个工作单位是台湾华视。刚进入华视时，她最初的职责是守在电话旁等新闻线索，那时的她并没有感受到丝毫命运的垂青，但她却坚信，命运的好与坏，是由自己来掌握的，要充分准备，才能从容地抓住机会。几年之后，凭着执着的冲劲和热情，她终于从一名青涩的记者成长为华视强档新闻的主播。吴小莉任主播、记者期间，因其从容的心态，她的工作一直得心应手，人际关系也非常好，但她并没有因此满足，而是不断挑战着自己的制高点。

吴小莉从容的心态如秋叶般静美，释放着端庄的气度、深厚的内涵、健康的心态，能给人以宁静，让人愿意在她身边品味生活的味道，享受人生美妙的境界。

从容是女孩成熟的社交心态，它能装点内在的素质和美德，使女孩拥有优雅的风度，倍加灿烂夺目、宠辱不惊；从容是女孩智慧的社交心态，它能点缀天然的禀赋和气质，使女孩拥有淡定的举止，越加坦然自信、豁达乐观。

第2章

三言两语说进人心里，做个会说话惹人爱的女孩

每个人似乎都能说话，但是把话说得通透，说得让人心服、信服，却未必是每个人都能办到的事情。聪明的女人非常讲究说话的艺术，她们总能在合适的场合说合适的话，让听者感到舒心，更为自己带来好运气，赢得好人缘。

优雅的谈吐能提升语言魅力

一个谈吐优雅的女孩，无论与谁交往，她总是用语谦逊、文雅，时刻表现出自己的尊敬之情，因而更容易得到他人的尊重。

在人际交往中，优雅的谈吐可以彰显女孩高雅的内在气质和个人魅力。一个谈吐优雅的女孩，在与他人交往时，更易提升自己在对方心目中的地位，获得对方的好感，有利于人际关系的建立，从而提高自己的交际能力。女孩拥有优雅的谈吐，可以让自己在社交场合中魅力四射，对其事业的成功非常有利。

在人际交往中，优雅的谈吐是每一个女孩都应具备的基本素养。要想成为一个谈吐优雅的女孩其实很简单，只要能够“三思”，用文雅、优美的语言将自己的意思表达出来就可以了。

1.态度谦恭，方能体现你的优雅气质

想要成为谈吐优雅的女孩，必须处处以“礼”为先。俗话说：“礼多人不怪。”这里的礼可以理解为有礼貌、讲礼仪。一个谈吐优雅的女孩，无论与谁交往，她总是用语谦逊、文雅，时刻表现出自己对别人的尊敬，因而更容易得到他人的尊重。如果你能够恭谦地对待周围的每一个人，相信你也能得到他人的尊重。例如，可常把“请”字放在嘴边。生活中很多话语如果与“请”字很好地搭配起来，会让你所表达的意思显得更加委婉、容易让人接受，无形中会让对方感觉备受尊重，同时也可以体现你的文雅与修养。一个简单的“请”字，就可以让你在人际交往中显示出自己的魅力，轻松达到自己的目的。

2.注意文明用语，不说粗话

社交场上，谈吐优雅的女孩，会很好地控制自己的情绪，绝不会随时把粗话挂在嘴边。一个穿着高贵、仪态优雅的女孩出口便是脏话，只会降低她在人们心目中的地位。在与他人交往中，使用文明的语言，不仅是对对方的尊重，也是自身文化素养的最好体现。

3.准确、及时地表达自己的感激之情及歉意

在社交场合，如果你从他人那里获得了帮助，要及时表达自己的感激之情；同时，对于给别人带来的不便或是麻烦，也要及时表达自己的歉意，这样可以平息对方的愤怒，有利于建立良好的人际关系。

谈吐优雅的女孩在人际交往中往往是善解人意的、是豁达的。正因为如此，她们在社交场上，才能拥有无穷的魅力，获得他人的尊重，广受大家的喜爱。但优雅的谈吐并不是一朝一夕能练成的，如果你也想在社交场上，展现自己的语言艺术，不妨从以上这几个方面入手。相信你也可以成为一个谈吐优雅的女孩，从而备受大家的喜爱。

说话时发挥神态举止的作用

在交谈中，拥有优雅的举止与从容的神态的女性，会让周遭的人们感到身心愉悦，对方能够从你的神态举止中感觉到你的诚意，你内在的涵养气质以及良好的精神状态。反之，倘若你行为举止粗俗、鲁莽，神态轻佻浮躁，则会让对方感觉同你谈话是件很辛苦愚蠢的事情，甚至是在浪费时间。

真正优雅美好的女性不仅应该是外表精致、内涵丰富、聪明大度、优雅成熟的，还应该是时尚而不时髦、风韵而不风情、古典而不死板的，更应该在交际之时做到随和而不随便、内敛而不内向、从容并且淡定。

在交谈之时，尤应该慎言谨言、不卑不亢、落落大方。当一位女性能够将微不足道的事做到完美时，将举足轻重的事做到无懈可击，赢得周遭所有朋友的喜爱之时，还有什么能阻碍其通向幸福之路呢？女孩可以不美丽，可以不聪慧，但是一定要会说话，因为漂亮和聪慧并不是女孩通过后天努力可以轻易获得的，但说话却可以。女性通过长期的自我修炼，掌握了说话的艺术与技巧，纵使原本不会说话的女性，也会因此变得聪慧与美好，会说话是女性达到幸福的秘密武器之一，也是现代社会中女性取得成功的必备因素。

然而，说话要说得对方如沐春风，交谈要谈得彼此“情投意合”，并不是件轻而易举的事。在日常交际应酬中，要使对话圆满成功，在说话中得到对方的青睐与信任，女性需要注意的细节很多。

尤其是面对面的交谈，你毫无保留地面对着对方，没有太多时间思考你该说些什么，你的身体、面孔、声调、语气都无法遮掩地在对方面前展现出来，一切都源自你自然的习惯。所以，在日常的交际中，我们不仅要细心打磨自己习惯性的言语，同时千万不要忽略了对同样毫无保留展示在对方面前的神态和举止的注意，因为这同样影响着对话的质量。

一个女孩，当你的举手投足、一颦一笑都是优雅与风情之时，你会是谈话中最值得关注的对象。改变不雅的站姿与坐姿，是引人重视的第一步，首先譬如坐下来保持自然端正，站起时保持直立挺拔。其次要知道某些特定姿势的含义，譬如两腿分开显示着稳定、自信，并有接受对方的倾向；两腿并拢则代表着正经、严肃，两腿交叉则是一个人害羞、扭捏、胆怯，或者随便、散漫的表现。这些举止的含义，你是否在日常生活中注意到了呢？要知道，当你把自然、从容的姿态展现在众人眼前时，不仅本人显得情绪饱满，而且还会感染到其他人。

面部表情是除语言和行为之外，最能够替你传情达意的，脸部各部位对情感体验的反应动作常常是不自觉的，然而你需要知道得更多：就像咬唇、撇嘴不应该轻易出现在你的面孔上一样，凝望和微笑是你应当长期留在脸上的。你的眼睛和嘴角都会说话，交谈时，自信的女性应当敢于并善于同别人进行目光接触，这不仅是一种礼貌，更是一个桥梁，它能帮助你们维持一种联系。谈话时，频频的目光交流可以持续不断，当然这并不意味着总用眼睛盯着对方。而在交谈中常常微笑的女孩们，总是散发出亲和的力量，犹如春风拂面，感染着周围的人们。

杨澜是成功女性的杰出代表，她美丽、聪慧、优雅、知性，30 多岁时就已经实现了许多人一生都无法实现的人生梦想：考上了好大学，找到了好工作，嫁给了好丈夫，生了好儿女，开创了好事业，拥有 8 亿多的身价，而且她的精彩人生才只是刚刚拉开了序幕而已。然而，这一切并不能归功于她的运气和努力，而应该归功于她的聪明。

杨澜有一个称号“职业装最佳模特”，这个称号可不是浪得虚名，她的“气质穿衣法”的高明之处就在于能表现人的气质，既有职业女性的端庄优雅，又有年轻女性该有的活力与潮流。她的衣服并没有过多特殊的设计，但是穿在她身上却非常得体，光彩耀人。

如果说穿衣让杨澜显得很好看，那么她的行为举止无疑给这“好看”二字注入了灵魂。她的一举一动都可圈可点，即使代表一个电视节目、一个城市乃至一个国家，都不会有失礼的地方。在随意的交谈时，她常常斜45度侧坐在沙发上，背挺直，双腿自然交叉，双手叠放在大腿上，这是标准的淑女坐姿。与人在办公桌前谈话的时候，她尽量把双手相扣着放在桌子上，让听话者感到她对自己的话很感兴趣。而站着聊天的时候，杨澜则习惯双手自然插在裤袋中，并把重心放在一只脚上，这样看起来不仅有曲线美，也让交谈的气氛不因站立显得拘谨。

这几年，除了当老板，杨澜也是一个打工者。由她主持的《杨澜访谈录》已经成为电视节目的一个知名品牌，接受她采访的各国政要和文化科技界的精英名流，已有150多位。在就政治、经济、社会、文化不同方面的热点话题所做的访谈中，杨澜敏捷的思路、得体大度的举止、温和的表情以及不失机智幽默的风格，使这档谈话节目别具风采。

在当今中国，杨澜无疑是一个优雅成功的女性，岁月没有带去她美丽的容颜，反而在日复一日的生活中，使她更显味道。她主持的《杨澜访谈录》取得了巨大的成功，这源自于她拥有的广阔平台，更源自杨澜拥有独特的个人魅力。这种魅力不仅来自她对语言艺术的驾驭能力，她温文尔雅、大方得体的举止和表情也使她与众多访谈节目的主持人与众不同。

要了解，能够真正打动人心的语言，不仅仅是单纯的有声语言，举止与神态同样也起着举足轻重的作用。一个成熟成功的女性，在拥有端庄雅观的外表之外，如果能多加修炼语言功力，言谈举止与表情，就会使你的谈吐大方合宜，也会使你更具魅力。

聪明女孩用幽默提升人缘指数

幽默的力量，绝不仅仅在于博人一笑而已，它就像润滑剂一样，可以把矛盾的双方带出尴尬境地，以笑声化干戈为玉帛。

幽默就像一座桥梁，能够拉近人与人之间的距离。其实，很多时候，懂得幽默的女孩不仅可帮助别人摆脱困境，同时也能给自己搭建各种台阶。与他人交谈时，慷慨激昂、锋芒外露，固然是一种能力，但诙谐幽默，也是必不可少的。懂得幽默的女孩，在社交场中，能够利用自己的所长，轻松化解难题，赢得他人的赞赏。

美国的一位心理学家说过："幽默是一种最有趣、最有感染力、最具有普遍意义的传递艺术。"幽默的力量，绝不仅仅在于博人一笑而已，它就像润滑剂一样，可以把矛盾的双方带出尴尬境地，以笑声化干戈为玉帛。懂得幽默的女孩可以为双方营造一个舒适的、宽松的谈话氛围，并运用幽默的语言，使社交气氛轻松、融洽，以利于双方交流。

作家谌容访美期间，一次应邀到美国某所大学进行演讲。在座的大学生向她提出了各种各样的问题，她都一一给以直率的答复。突然，一个学生这样问道："听说您至今还不是中国共产党党员，请问您与中国共产党的私人感情如何？"显然，提这样的问题，是别有用心。回答不好的话会使人处于尴尬的局面，甚至可能会引来外界的非议。

谌容笑了笑，敏捷地说："你的情报的确很准确，我现在确实不是中国共产党党员。但是我的丈夫是个老共产党员，而我们在一起共同生活了几十年，目前来看，尚未有离婚的迹象，可见，我同中国共产党的感情有多深。"听到这样的回答，下面响起了一阵热烈的掌声。大家都为她巧妙而精彩的回答喝彩。由此可见，一个懂得幽默的女孩，时时能够利用诙谐的语言摆脱尴尬的境地，给自己创造一个轻松舒适的环境。

作家谌容是一个聪明的女孩，又是一个幽默的女孩。她明白，对于生活中不好回答却又不得不回答的话题，为了避免不必要的麻烦，可以将真话用幽默的语言、曲折地表达出来，这样能够取得意想不到的效果。一个富有幽默感的女孩往往是生动的。与生动的女孩交往起来，会使人倍感愉快，而与缺乏幽默感、枯燥的女孩相处，有时则是一种负担。

列宁说："幽默是一种优美的、健康的品质。"具备幽默的品质是女孩成熟的表现。幽默是一种修养，一门知识。谈吐幽默是女孩在社交场上必备的一种素质。那么，女孩应该怎样培养自己的幽默感呢？

1.保持良好的心态，以乐观、宽容的心态对待每一天

幽默是一种宽容精神的体现。一个真正懂得幽默的女孩明白，幽默是机智敏捷的用微笑的语言对事物加以肯定或否定。若想成为幽默的女孩，就要善于体谅他人，学会宽容、大度，克服斤斤计较的不良习惯；同时还要保持乐观的心态。一个尖酸刻薄或忧心忡忡的女孩，绝对不可能成为幽默的女孩。乐观与幽默是亲密的朋友，想成为幽默的女孩，就必须轻松、愉悦地对待每一天。

2.拓宽自己的知识面，提高自己的思想境界

幽默是一种智慧的表现，幽默的谈吐建立在具有丰富知识的基础之上。要想成为谈吐幽默的女孩，必须广泛涉猎各种知识，使自己掌握丰富的资源并能灵活运用。

3.提高观察事物的能力，培养深刻的洞察力

培养自己的观察能力，能够使你从事物的表面看到本质，运用诙谐的语言恰当地表达出来，在博众人一笑的同时引人深思。深刻的洞察力也是成为幽默女孩所必须具备的基本条件之一。一个幽默的女孩，总能够在诙谐的背后，给人揭示出深刻的道理，引人思考。

人们的生活会因为幽默而更有趣味。女孩要想在社交场上赢得他人的喜爱，就必须学会幽默，不论是幽默的表达，还是幽默的应对。一个幽默的女孩，在人际交往中，一定会赢得他人的赞赏，并能更好地展现自己的个性魅力。更重要的是，幽默的女孩会运用幽默的语言化解生活中的许多矛盾，既可以让别人快乐，又可以让自己快乐。

女孩说话要有条理

如果你说话的目的是要告诉别人一件事，那就直截了当地说出来，不必扯得太远。漫无边际的谈话，可能是思路混乱的表现，但也可能是委婉曲折地达到目的的手段。

也许你经历过这样的场景：你绘声绘色地给朋友描述着什么，突然你“卡”住了，你记不得这之前你说了什么，也忘了你想接着说什么。在这个时刻，语言好像在和你捉迷藏，你的思维混乱了，自己已记不清说话的主题与方向。

当堂·吉诃德指责桑丘·潘沙讲的故事重复太多、条理混杂时，桑丘为自己辩解道：“这就是我给同胞讲故事的方式，大人要我改变旧习惯是不公平的。”也许大多数女孩会对此有些同感。无论是和一位朋友交谈，还是在数千人的场合演讲，如果说有什么应该用红色标出来的要点的话，那就是“说话扼要、清晰明了”。那些担任要职的女性几乎都认为：在商业场合中，最让人头痛的就是说话不讲究条理。

如果一个职场女性不能完整地表达自己的思想，说话没有条理，将很难出色地完成自己的工作。尤其是遇到危机或困境时，说话没有条理加上一瞬间慌乱的表达，你也许就会因此失去饭碗，或者失去一次晋升的机会，女孩一生中机会并不多，关键是看你自己怎样把握。能不能被上司赏识，能不能被大公司录用，也许就决定于你清晰、有条理的语言表达能力。

对于一个成就事业的女孩来说，优美的声音固然重要，但表达时清晰的语言其实更重要。因为口头表达是别人无法代替的“金字招牌”，养成说话有条理的习惯能让你更多地了解别人，也可以更多地让你为他人所了解。

于丹是一位拥有良好的语言智慧的女性，她的同行说：“她讲话真的是很有感染力，一般我们开研讨会会请她去，很多人都说求求你了，让我讲话千万不要排在于丹后边。她的语言一旦介入，别人几乎就压不倒她了。我们一般都要把她放在最后一个去发言。我觉得可能这是天分，她可以迅速

地把一件事情高度凝练并且高度概括、高度提升。”

于丹说话非常有条理，这是大家公认的，但她从小却很自闭，基本上不说话。她是独生女，“文革”后期父母都下放了，姥姥带着她在一个大院子里边生活，她从来没有上过幼儿园，但她说话有条理的习惯，却是从此时养成的。她一两岁认字，四五岁就接触了《论语》，五岁半看《红楼梦》，没有人跟她说话，她就自己和自己说话，她六七岁开始写日记，从十三四岁以后就写成习惯了，一直写到现在。她在日记里记录日常琐事，一开始也会前言不搭后语，但随着长期的锻炼，她逐渐学会把自己的信息编排一下次序，再写下来，这样可以体现很强的目的性和逻辑性。如今，无论是在“百家讲坛”，还是在生活中，说话有条理、简明扼要的作风已经成为她的日常习惯。

曾经有位史密斯太太说：“我记得你上次打电话是在礼拜二的中午11点，因为就在接你的电话前，乔治太太来向我借过面粉。我记得清楚极了，因为她当时穿了一件粉红色的、缀着金色纽扣的衣服，脚上穿着一双平跟咖啡色皮鞋……”

希望以上的言谈，不会让你联想到自己。如果你说话的目的是要告诉别人一件事，那就直截了当地说出来，不必扯得太远。漫无边际的谈话，可能是思路混乱的表现，也可能是委婉曲折地达到目的的手段。不过，对更多的女孩来说，那也许只不过是一种习惯，她们已经习惯于说话漫无边际、累赘重复、东拉西扯、废话连篇。

一个逻辑混乱的人，就好像鸟儿没有了羽翼，在学习、生活、社交、工作上会遇到极大的障碍。一个女孩，不管你生性多么聪颖，接受过多么高深的教育，穿着多么漂亮的衣服，拥有多么雄厚的资产，如果你无法流畅、恰当地表达自己的思想，你仍然无法真正实现自己的价值。要想成为广受欢迎的魅力女性，就要做到抓住要领，有条理地思考，有条理地说话，更要坚持长期锻炼。每看到、听到一件事，就要认真地想一想这件事的顺序；在说话前，按这件事顺序思索一下，默读一遍，再说出来；在说话中，经常自我恰到好处地提问：“后来呢？”“结果呢？”这有助于使说话更有条理，久而久之，自然能养成好习惯。

聪明女孩不把话说“绝”

不把话说绝，是一个聪明女孩的明智之举，也是其语言魅力的具体体现。

聪明的女孩与人交往的过程中，总会根据实际情况，来把握说话的分寸。无论何时，她们都不会把话说绝，凡事都会保留足够的余地。所以，她们总能收放自如，让自己立于不败之地。相反，那些总是把话说绝了的女孩，一旦事情出现意外的话，只能让自己难堪。

陈玲是公司市场部的一个小组长，工作也挺认真负责，可是她有一个毛病，就是说话不留余地。某季度，她所带领的小组在业绩上遥遥领先，全组人都特别高兴。

不久，公司接手一个新的项目，难度比较大，领导把这个项目交给两个能力比较强的组长——陈玲和江磊看，并且问道：“这个项目很重要，关系到公司未来发展，让你们做这个项目有什么问题吗？”陈玲一口回道：“放心吧，这事交给我，保证没有问题。”领导听了她的话，接着说道：“要是到时候没有完成任务呢？”“要是完不成任务的话，我主动从公司辞职。”领导听了她的话，没说什么，转过头问江磊。江磊把项目认真地看了看，说：“我以前与这类项目接触得很少，具体情况还要看操作的时候是什么样，现在不能一口肯定就一定会成功。但是如果你相信我，让我负责这个项目的话，我一定会尽自己最大的努力完成任务。”

面对两种不同的回答，领导选择的结果可想而知。

在生活中，像陈玲这样的人很多，她们总觉得凭自己的能力，应该能完成任务。可谁能料到中间会不会出现意外情况呢？把话说得太绝对，反而让人不能信任。相对来说，江磊的话说得就比较谨慎，他先是分析了自身的情况，然后根据实际情况向领导做出说明，不把话说绝，让领导觉得他很诚恳，也让他自己有了回旋的余地。可是，有些女孩却只想承担别人不敢承担的事情，以为这样可以让领导发现自己过人的胆量。谁曾想到头来，却很有

可能会让自己无法下台。

当今社会复杂多变，女性朋友要明白，凡事都可能出现例外，要么成功、要么失败的逻辑已经不适合了，只有说话注意拿捏好分寸，不把话说绝，才能让自己进退自如。对于他人的询问，少一些肯定的语气，多用一些缓和、疑问的语气，有时会更有利于工作的开展。那么，怎样才能做到不把话说绝呢？

1.从思想上先要把事情的不利因素考虑清楚

聪明的女孩，在做任何决定之前，都会先把利害关系考虑清楚，然后再做出决定，给予他人答复。即使已经胜券在握，她们也不能满口应承，而是应事先给自己找好台阶，以防意外情况的发生。只有那些自以为是的女孩，才会做事不顾后果，只图眼前一时之快，这样做的后果，很有可能会给自己惹来很多麻烦。

2.要注意措辞恰当

一个懂得说话技巧的女孩，在答复他人的请托时，会以“我尽量、我试试看，我认为”这类字眼来作为自己的答案，而不是给予“我保证”之类的肯定答复。因为意外之事常常是很难预料的，说话先给自己留点儿余地，才是明智之举。聪明的女孩，总会恰如其分地表达自己的意思，说话留有余地，不会过于肯定，也不会给他人留下没能力的错觉。

把话说到别人的心里

有时候，一句深入人心的话语，会影响一个人的一生，甚至会被人一生铭记。

无论在工作或是生活中，“沟通”都是一件很重要的事。成熟的女性，如果想要在日常交际中获得别人的信任与喜爱，那么不管是对朋友、亲人，还是对上司、属下、同事、客户，都要养成良好的说话习惯与技巧。

相信我们都有这样的经验，在谈话时，对方温润体贴的语言常常让我们

如沐春风、感动万分。仔细思考,为何有的言语让我们沮丧不已,而有的言语却能让我们身心温暖呢?而在谈话中,自己的言语,带给对方的又是怎样的感觉呢?

所有渴望美好的女性,都希望自己的话语能够拥有感动、温暖人心的力量。然而,交流不仅是语言的交流,更是人们内心的交流。如果能在对话时,养成站在对方角度看问题的习惯,时刻体会对方的心情,把话说到对方的心里,那么你一定能够拥有这种力量。

把话说到对方心里之所以能感动人心,就是因为在无形之中,你自觉并悄悄地将谈话人的角色互换,将自己固执的立场转移到对方的立场上,把对方的所作所为、所言所语,当作是自己的来对待。这样一来,你言我语,你倾我诉,对方就能够从你的言语之中,得到被尊重与肯定的感受,而你说出来的话就会很容易产生"句句入耳、词词入心"的效果。尤其,当与对话之人之间有着深刻矛盾和巨大分歧时,就更能有力地化解了。

在对话中,无论你处于弱势的一方还是强势的一方,无论你是说服者还是被说服者,若想让你的言语深入对方的内心,让对方接受你的观点,首先要把自己与对方摆在平等的位置上,这是平等交谈的开始,也是你走进对方心门的开始。

有时,你可能会在对话中不知所措、无言以对,或是令对话无以为继。那么,从下一次谈话开始,你不妨这样尝试:在平等对话的基础上,摸准对方的心理,再尝试设身处地地让自己处在对方的位置。"我如果站在她的立场,我将会怎么做?怎么说?"不妨在开口之前问自己这样的问题。当你担任对方扮演的角色,就更容易从对方的谈话中,得到你所需要的信息。要赢得对方的信任和喜爱,就要让自己参与到对方的事情中去,并投入强烈的关注之心,这是把话说到对方心里的第一个条件。然后,再从对方关心的事情探究对方的喜好,说出对方想听、爱听的话。

有时候,一句深入人心的话语,会影响一个人的一生,甚至会让人一生铭记。

苏伊如今是一位重点中学的骨干教师。本科毕业之时,苏伊有太多机会可以留在某大城市中的大型企业工作,然而,苏伊却选择回到故乡的一所

重点中学教书。谈起她的选择，苏伊讲起了埋在心里许多年的话：“也许很多人觉得我傻，放弃留在大城市，回到这里当一名教师，但是我从来没有后悔过。其实，从我7岁那年开始，我就已经决定要做一个能够帮助许多孩子的好教师，所以对待工作，我从来没有懈怠过。记得小时候，因为自己出生的月份小，学校通知我要留级，作为一个小孩子，我不能理解，就以为是自己水平太差，跟不上学习，被老师遗弃了，假期在心里默默痛苦了好一阵子。妈妈看到我的样子，急忙带着我跑去学校，请求老师不要让我留级，当时我的班主任杨老师也在场，杨老师说了一句让我这辈子都难忘的话，她说：‘这孩子行的，让她跟上去吧。’这句话对于当时对自己持否定态度的我来说，无疑是一个极大的肯定，她给了我莫大的信心。于是我带着老师的期望真正地进入了小学阶段的学习。那时候，什么事我都努力做到比别人好，不会因为年龄小而落伍。其中很大的一个原因是不想让杨老师失望。可能若干年以后，老师会记不起那个不起眼的小女孩，但就是因为她的一句话，给了我一个灿烂的人生。”苏伊还说：“我也想像杨老师一样，做一个这样的女性，有时候我们的一句话，也许能够给别人带来巨大的震撼。我只想尽力做好。”

对于一个自卑的孩子来说，有什么比老师的肯定来得更重要呢？当年的杨老师看到一个伤心害怕的孩子，她能够立刻觉察到这个孩子心中的自卑，于是说了一句“你行的”，消除了孩子心中的所有阴霾，并直接影响了这个孩子一生的选择。如今，苏伊也成了一名平凡的女教师，因为亲身经历的关系，在平凡的生活中，苏伊渴望完成她的不平凡，尽自己的全部力量，带给孩子们更美好的人生。

很久以前，当大家都还没有用上电的时候，一群年轻的姑娘晚上在一起加工针线活，所以大家平分点灯的油钱。可是有一个姑娘家里很穷，根本出不起油钱，她想抓紧时间多干点活挣钱，所以就和大家混在一起。等到大家发现后，刚开始大伙经过讨论，决定让她离开这里。穷姑娘请求大家留下她，说：“我因为给不起油钱，每天总是早早赶到这里来打扫好房间，准备好一切东西，你们来了就可以直接干活了。而我在这里干活的时候，大家不会因为我的到来，而耗费更多油钱，油灯也不会因为要多照顾我一个人而变暗。可见我的到来你们并没有什么损失，相反，我为大家打扫房间、准备东西,你们可以节省更多的时间,这样不是大家都得到好处了吗? 为什么就一定要我走呢?”大家听了她的话,想了想,觉得很有道理,最终大家再也没有提过让她离开。

那个年轻的姑娘很会说话,她能够时刻把别人的利益放在首位,然后通过分析,把对双方都有好处的道理讲清楚。最后说服她们改变自己的想法,达到自己的目的。

把话说到别人心里,在事情发展不利的时候,可以扭转乾坤,达到预期的目的;话说不到别人心里,即便是好的事情也可能会办砸了。

赵娜到一家公司已快两年了,工作上也颇有成绩。最近听说部门主任离职了,据说副主任将成为主任。公司可能会从他们办公室的几个人里选出一个副主任,于是很多人都开始私下活动,对此赵娜也很有意见,可是却没有办法。一天,副主任找她谈话:“你到公司已快两年了,工作成绩不错,对于这次的人事调动你有什么看法没有?”听到副主任这样说,她一时间也不知道怎么回答,不过想到自己没有什么希望,也只好就自身情况表明自己的态度,她回答:“实在不好意思,我虽然来公司两年了,可平时对公司里的其他方面也没太在意,平时只顾着低头干活了,一时也没有什么意见。一直以来,我都认为做好自己的工作最重要。”领导听了她的话,点了点头,让她回去继续工作。可是让她没有想到的是,半个月后,她被提升成了副主任。

由此可见,如果能够把话说到对方心坎里,看似没有把握的事情,也会出现转机。要想把话说到对方心里,还要学会察言观色。根据对方的心理去说话,会达到以事半功倍的效果。聪明的女孩,不仅善于察言观色,推测他人的心理,更能够从对方的角度出发,设身处地地替对方考虑,让对方明白事情的利弊,这样一来,双方就可以顺畅交流,达到预期目的。

我们都是平凡生活中的普通一员,我们曾被美好的语言温暖过,也曾被某些言语伤害过。温暖的感觉是幸福的,所以,我们要尽量把话说到别人心里,让别人体会到更多的温暖、更多的幸福。

让你的声音更美妙

声音有一种魔力，能对他人产生各种不同的影响。低沉的声音，让人感觉稳重可靠；甜美的声音，让人心旷神怡，百听不厌；温婉的声音，让人不自觉产生一种保护的欲望……

一个女孩在安静的时候，别人会把注意力集中在她的脸庞、身材和衣服上面，而一旦她开口说话，声音就成了吸引他人的焦点。很多人都有自己喜欢的电视节目主持人，为什么她们的声音那么好听呢？原因之一是她们发音准确清晰、端庄悦耳，她们的声音可以很轻易地吸引听众。一般电影和电视剧在拍摄完毕之后，都要进行专门的配音工作，还要对声音进行后期的加工处理，目的也是为了让演员的声音更有吸引力。

台湾公认的美女林志玲，说话非常温婉可人，可是很多女性不喜欢她说话的方式，觉得很“嗲”，而男人则不同，男性对温柔、甜美的声音天生没有抵抗力。心理学家也认为，声音决定了你38%的第一印象。当人们看不到你时，音质、音调、语速的变化和表达能力决定了你说话可信度的85%。声音是女孩自然天成的乐器，是穿越男人灵魂的旋律，美与不美，就看你如何把握和驾驭了。

很多女孩都遇到过这样的事：在逛商场或是在马路上走着的时候，迎面走来一位女子，非常靓丽，即便是女性的你，都不得不为之赞叹，而当她转身招呼同伴的时候，那沙哑的嗓音、粗俗的语言、不羁的强调，简直让人难以想象是从她口中发出来的。她在你心中的美好形象也就瞬间瓦解了，这样的人，空披着一个美貌的外壳，一开口就暴露了自己的肤浅。

声音有一种魔力，能对他人产生各种不同的影响。低沉的声音，让人感觉稳重可靠；甜美的声音，让人心旷神怡，百听不厌；温婉的声音，让人不自觉产生一种保护的欲望；清脆的声音，让人感觉自在、爽朗；有些女性甚至可以通过声音表现自己的性感，声音的魅力真的能为平凡的女性加分不少呢。

声音可以传递很多信息，如年龄、性别、职业、性格、态度等，不仅如此，动听的声音还可以给人们无尽的遐想空间。当然，好声音并不一定都是天生的，很多歌唱家和演员都要依靠后天的培训和练习来提高自己的音质和音色。一般以嗓子为生的人每天都要练习发声，平时也会注意少吃刺激的食物、不抽烟、不喝酒，一切对嗓子有害的事情都不可沾染。

那么，如果没有天生的好声音，该怎样后天造就呢？

意大利男高音之父卡鲁索说："在所有学习歌唱的人中，谁掌握了正确的呼吸，谁就成功了一半。"气息是发出声音的动力，更是各种声音技巧的"能源"。

很多演说家、歌唱家说话声音都非常洪亮、底气十足，尤其是戏曲表演者，一口气能撑好几分钟，而且每天这样唱，嗓子也没有变哑或是失声。说话和唱歌其实很相似，想要拥有歌唱家一样优美的嗓音，就要学会他们的腹部发声法。

所谓腹部发声法，并不是说让腹部发出声音，而是一种正确的呼吸习惯。这种方法需要打开口腔用胸腔和腹腔联合运动而完成呼吸动作。对于一般人来说，可能要经过专业的训练才能够做到这一点。这里简单介绍一些实用的练习方法：

如你可以平心静气地去闻鲜花的芳香，在一呼一吸中找到最适合自己的、舒服的呼吸方式；模仿突然受到惊吓时到吸冷气的动作、模拟吹灰尘动作等都可以帮助你养成正确的呼吸习惯。

当然，光呼吸是不能发出好听的声音的，还需要我们人体音响的合作，人的口腔、胸腔等发声器官搭配使用，如果能产生共鸣，那么就可以使声音变得非常洪亮，而不是像堵在嗓子眼里似的。共鸣训练可以帮助训练者更好地控制自己的音质音色。做这个练习要张大嘴巴，每一个字都要大声说出来。

学会了正确的发声方法，你就可以自如地控制自己的声音了，但这并不是说练会了发声，你就一定能发出天籁般甜美的声音了。任何方法都只是共性的总结，还要具体看每个人的声带条件，声带的好坏是天生的，没办法改变，但只要你掌握了说话的秘密，还是可以弥补天生的缺陷的。这个秘密

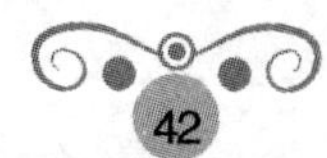

就是：要把生活和感悟融入声音中，把真切感受传递给你的谈话对象。简单来说，就是无论说什么、和谁说，只要一开口就带着丰富的感情，这样，别人就会被你的语气所感染，从而忽略你音质的缺陷。

由赵忠祥主持的电视节目《人与自然》，相信每个人都看过，他富有磁性的嗓音让很多女性为之着迷；王刚的声音也是非常有特色的，他给小动物配音时那种感情的自然流露，让人们为之动容。有些女孩在面对男人的时候，经常采用撒娇的伎俩，而男人也非常受用。原因就是女孩在撒娇的时候，自然而然地降低了音量、柔和了声调，使自己的声音顿时充满了女性的魅力。声音就是如此神奇，它可以把不可能变为可能，它能让别人深深记住你；动听的声音可以绕梁三日，让古人三月不知肉味儿。年轻的女士们，请从现在开始督促自己，练就一副好嗓音吧，让自己轻启朱唇之时，吐露出如泡泡般绚丽、美妙、迷人的音符。

请给别人说话的机会

在社交场中，一个热爱聆听他人内心的女孩，要比一个演说家更容易受到他人的欢迎。

常言道：会说的不如会听的。在人际交往中，不仅要会说话，更要做一个好听众。很多时候，多给别人说话的机会，可能比自己说更有用，也更能解决问题。有些人在社交场中，说起话来滔滔不绝，常会让他人产生厌恶之感。在社交场中，一个热爱聆听他人内心的女孩，要比一个演说家更容易受到他人的欢迎，也更有利于人际关系的建立。一个真正聪明的女孩，一定是一个善于倾听的人。

生活中，总有一些女孩，与他人交谈中希望自己出尽风头，总是掌握着说话的权利，致使别人完全没有表达想法或意见的机会。这样的雕虫小技，稍有点社会阅历的人都会轻易看穿，大家只会对她的行为不屑一顾。这样的女孩，最终只会让大家都敬而远之。

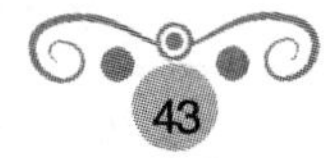

刘艳和陈丽是很好的朋友,又是一个公司的同事。然而,自从陈丽坐上办公室主任的位置后,刘艳就变得很是郁闷,不是嫉妒陈丽高高在上的位置,而是在有些权利之后,陈丽变得越发没有教养了。

刘艳和同事很受不了陈丽的自以为是,平常她对下属总是一副命令的口气,“那个谁去干什么……”这也就算了,有时与她交谈,根本就没有别人说话的余地,她一个人总是从头说到尾。

一次刘艳去外面办事回来,还没坐到凳子上,就被陈丽叫到办公室谈话。结果上来就是一通批评,说刘艳“没有时间观念”,“这都几点了才来啊”,“还想不想上班了”等。期间刘艳一句话都插不进去,最后临出门前,刘艳实在忍无可忍了,就告诉她自己早就来了,刚才是出去办事才回来。陈丽当时也觉得尴尬,可是她却强词夺理道:“你怎么不早说啊,浪费我半天时间?”真让刘艳无语。

也有些人,说话从来不顾及别人的感受,只管随心所欲地发表自己的看法。这样做的结果,只会让周围的人都讨厌她,不愿意与她交往。聪明的女孩明白,无论何时都应该给他人表达自己的机会,只有全面了解事情的真相,才能让双方的交流更畅通。只有认真听,才能减少不成熟的评论,避免不必要的误解;多听少说,才是明智之策。

任何场合的交流,如果只有一方在说话,根本谈不上交流。成功的交谈应该是双方共同参与。给予他人说话的权利,积极的聆听对方的话语,是有效沟通的技巧。通常最会说话的人,也是最佳的聆听者。

给他人说话的机会,通过聆听对方说话,可以从中获得对自己有利的信息。俗话说,“言多必失”,聪明的女孩,总是主动把他人带入说话的语境中去,然后通过对方的表达,准确了解对方的心理状态,从而做好充足的发言准备。其实,很多人际关系失败的原因,并不在于说错了什么或者是应该说什么却没说,而是因为听得太少或者不注意听所致。愚蠢的人,总会向他人无休止地发表自己的观点和看法。从表面上来看,他已经出尽了风头,其实,他已经把自己的所有秘密都毫无保留地泄漏给对方了。

给他人说话的机会,通过聆听对方说话,可以从中学习对方的谈话技巧,使自己的社交能力得到提高。一个聪明的女孩,懂得借助别人的谈话经

验更好地表达自己的思想，使自己的社交能力得到提高。

倾听是一种了解别人的方式。在人际交往中，给他人说话的机会，善于倾听对方的谈话，既能体现出你对他人的尊重之情，又可以获得他人的尊重与认可。当你把说话的机会留给他人，用心倾听他人表达心声的时候，会让他人对你产生信任与亲近之感，有利于你与他人进行思想与情感上的交流，从而建立良好的人际关系。

善意的谎言为你加分

如果为了别人的幸福而动用一下你的智慧，说一些没有伤害性的谎言，相信对方不仅不会怪你，还会很感激，因为他知道你在用谎言保护他。

说谎，似乎在我们小的时候就被父母和老师定义为不好的行为，诚实才是每个孩子都该拥有的美德，所以在小学课本上，我们会学到《狼来了》的故事。然而大人们在教育自己的孩子不要说谎的时候，自己却在编织着一个又一个谎言。

第一次参加家长会，幼儿园的老师说："你的儿子可能有多动症，在板凳上连三分钟都坐不了，您最好带他去看看医生。"

回家的路上，儿子问妈妈老师都说了些什么，她鼻子一酸，差点流下眼泪来。因为全班三十多位小朋友，唯有他表现最差。然而她还是告诉她的儿子："老师表扬你了，说宝宝原来在板凳上坐不了一分钟，现在能坐三分钟了。其他的妈妈都非常羡慕妈妈，因为全班只有宝宝进步了。"

那天晚上，儿子破天荒地吃了两碗米饭，并且没让她喂。

儿子上小学了。家长会上，老师说："全班五十名同学，这次数学考试，你儿子排第四十名，我们怀疑他智力上有障碍，您最好能带他去医院查查。"

回去的路上，她流下了泪。然而，当她回到家里，却对坐在桌前的儿子说："老师对你充满信心。他说了，你并不是个笨孩子，只要能细心些，就会超过你的同桌，这次你的同桌排在第二十一名。"

说这话时，她发现儿子黯淡的眼神一下子充满了神采，沮丧的脸也一下子舒展开来。她甚至发现，儿子温顺得让她吃惊，好像长大了许多。第二天上学，儿子去得比平时都要早。

孩子上了初中，又一次家长会。她坐在儿子的座位上，等着老师点她儿子的名字，因为每次家长会议，她儿子的名字在差生的行列中总被点到。然而，这次出乎她的预料，直到结束，都没点到她儿子的名字。她有些不习惯。临别，去问老师，老师告诉她："按你儿子现在的成绩，考重点高中有点危险。"

她怀着惊喜的心情走出校门，此时她发现儿子正在等她。路上她扶着儿子的肩膀，心里有一种说不出的甜蜜，她告诉儿子："班主任对你非常满意，他说了，只要你努力，很有希望考上重点中学。"

高中毕业了。第一批大学录取通知书下达时，学校打电话让她儿子去学校一趟。她有一种预感，儿子可能被清华大学录取了，因为在报考时，她曾给儿子说过，她相信他有能力考取这所学校。

儿子从学校回来，把一封印有清华大学招生办公室的特快专递交到她的手里，突然转身跑到自己的房间里哭了起来。边哭边说："妈妈，我知道我不是个聪明的孩子，只有你能欣赏我……"

这时，她悲喜交加，再也按捺不住十几年来的泪水，任它打落在手中的信封上。

从小到大，母亲的谎言伴随着孩子的成长，然而这种谎言，我们却不得不为之动容，正是有了母亲善意的欺骗，才有了孩子愉快的成长和幸福的未来！

母亲的这种欺骗是伟大的爱，也是一种超群的智慧。母亲一次次把别人的轻视、冷漠变幻成鼓励的语言，温暖着孩子的心，沐浴在如此用心良苦的智慧中，弱智的孩子也能成为清华骄子。试想，如果这位母亲每次都告诉孩子真实的情况，恐怕他上完初中都难，孩子幼小的心灵需要呵护，有些时候，他们需要善意的谎言。

其实，说谎的智慧不仅被人们用在孩子身上，也用到了生活中的方方面面。比如，家里发生了什么事，做父母的总是千方百计自己承担，不让在外

工作的子女知道；漂泊在外的儿女对家里也总是报喜不报忧；一个人得了重症，医生和家人会告诉他没什么大问题，只要心情好，很快就可以痊愈；朋友新买了一件漂亮的裙子，但很明显不适合她，如果她询问你的意见，你只好撒个小谎“很不错啊”。诸如此类的谎言，对别人不会造成任何伤害，但却让对方获得快乐或勇气，这种谎言蕴涵着对对方的尊重和理解，它有着神奇的力量。

做一个完全诚实的人，的确是很难得，只是有时候，太多的实话反而会招来别人的厌恶，也会给自己惹来麻烦。

从前，有一个爱说大实话的人，什么事情他都照实说，所以，他不管到哪儿，总是被人赶走。这样，他变得一贫如洗，无处栖身。

最后，他来到一座修道院，指望着能被收容进去。修道院长见了他，问明原因以后，认为应该尊重那些“热爱真理，说实话”的人。于是，把他留在修道院里安顿下来。

修道院里有几头牲口已经不中用了，修道院长想把它们卖掉，可是他不敢派手下的其他人到集市去，怕他们把卖牲口的钱私藏腰包。于是，他就叫这个人把两头驴和一头骡子牵到集市上去卖。

这人在买主面前只讲实话：“尾巴断了的这头驴很懒，喜欢躺在稀泥里。有一次，长工们想把它从泥里拽起来，一用劲，拽断了尾巴；这头秃驴特别倔，一步路也不想走，他们就抽它，因为抽得太多，毛都秃了；这头骡子呢，是又老又瘸。如果干得了活儿，修道院长干吗要把它们卖掉啊？”

结果买主们听了这些话就都走了。这些话在集市上一传开，谁也不来买这些牲口了。于是，这人到晚上又把它们赶回了修道院。

院长问是怎么回事，这个人将他在集市上的话说了一遍。修道院长发着火对这人说：“看来，那些把你赶走的人是对的。我虽然喜欢实话，可是，我却不喜欢那些跟我的腰包作对的实话！所以，老兄，你还是走吧！爱上哪儿就上哪儿去吧！”

这样随意说实话的人很容易被人讨厌，他虽然说的是实话，却给别人的利益和生活带来了阻碍，让人很难喜欢他。年轻的女孩往往没有太多社会经验，很单纯，心里想什么就说什么，别人的衣服穿得不合适，也不会婉转表达，开口就说"难看死了"，"什么破烂衣服啊"等，让对方颜面无存，难堪至极。这样的女孩要多向第一个故事中善良的母亲学习，善意的谎言一定比满口伤人的大实话更讨人喜欢。学会适当地说一些善意的谎言是非常有必要的。如果你的恋人生活上有烦恼，你的智慧谎言可以让他重新燃起希望之火；如果你的朋友陷入迷途，编个无伤大雅的小谎，也许能把他带回正常生活；同性之间玩耍，善意的夸奖可以增加彼此的好感。

聪明的女孩善用智慧，也要学会巧妙的说谎。如果为了别人的幸福而动用一下你的智慧，说一些没有伤害性的谎言，给别人带来快乐和希望，相信对方不仅不会怪你，还会很感激，因为他知道你在用谎言爱护他！

人人都爱听赞美之言

赞美他人，说起来非常容易，但是做起来却未必简单，如果不是发自内心的赞美，只会弄巧成拙，让别人觉得你虚伪，甚至会让人觉得你是在挖苦他人。

林肯曾经说过："人人都需要赞美，你我都不例外。"人人都渴望赞美，这是人们的共同心理。要建立良好的人际关系，恰当的赞美必不可少。赞美他人看似容易，但事实上，还需要讲究一定的原则和技巧。一个善于发掘他人优点并能及时给予赞美的女孩，肯定会受到他人的尊重和喜爱。

1.恰到好处的赞美

恰如其分的赞美可以迅速拉近彼此之间的距离，不假思索的胡乱赞美别人，其结果只能适得其反。赞美他人，说起来非常容易，但是做起来却未必简单，如果不是发自内心的赞美，只会弄巧成拙，让别人觉得你虚伪，甚至会让人觉得你是在挖苦他人。

王娟和李丽是同事，两人平时的关系一般。王娟的勤俭节约在办公室是出了名的，大家都知道她的家庭条件不太好，因此也都能理解她。一次，同事聊天的时候，就聊到节约的话题上，李丽随口说道："我哪里比得上王娟

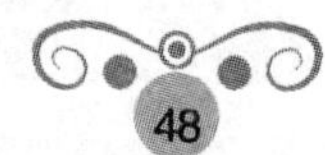

啊，公司要是评比看谁勤俭节约，要发奖的话我看应该发给王娟，她在过日子方面那可真会算计啊。”听完这话后，王娟当时心里特生气，就回复道：“你这是什么意思，我怎么听着像是挖苦我呢？”李丽顿时哑口无言。

也许在李丽看来，说这样的话根本没什么，她觉得自己是在赞美王娟。可是在王娟看来，李丽说这样的话，听起来更像是批评她太抠门。同样的话，站在不同的角度来听，就会得出不一样的结论。因此，赞美他人一定要发自内心，并考虑到他人的自尊心。不管是开玩笑，还是赞美他人，都不应伤及他人的自尊，而应该怀抱一颗真诚的心去赞美对方。一个只会虚情假意奉承他人的人，只能让对方产生厌恶之情。

赞美他人，应讲究从什么地方去赞美，从什么角度去赞美，用什么理论去赞美，而不应胡乱赞美，如果人人都用同一句话去赞美一个人，会让对方觉得，这只是奉承而已。因此，同样的一件事情，要尽量用不同的方法去表达自己的赞美之情。比如，某人穿了一件衣服很漂亮，如果大家都说她的衣服很好看的话，她听多了就会腻了。你可以从她精神上来说，“你今天显得真有精神啊”或者“你看起来显得真年轻”之类的话。总之，只要你仔细发掘，从别人没看到的方面入手，不但可以达到愉悦他人的目的，还可以让别人认识到你与他人的不同之处，达到事半功倍的效果。

赞美他人是一门艺术。赞美他人并不一定要在大事上面做文章，有时候，发现他人所做的一些值得称赞的小事情，并及时地说出你的赞美，也可以收到同样的效果。无论在什么场合，赞美他人一定要在真诚的基础上把握分寸，不能太离谱，恰到好处才是关键。

2.在他人失意时表达自己的赞美，更能够激起他人的斗志

在他人一帆风顺的时候，赞美他人是锦上添花；在对方遭遇逆境的时候，适当的赞美却往往能够发挥极大的作用。安慰的话语或许能给失意者带来心灵上的慰藉，但却很难激励他继续前进。而赞美的话却可以唤醒失意者的斗志，让他从困境中重新站立起来。

小苏躺在医院的病床上，一直胡思乱想。这天早上他和老婆为工作的事情刚吵了一架，回家的路上又发生了车祸，看来得在医院住一段时间，才能去找新的工作了，他有点不敢面对老婆。他不知道面对这样的情况，老婆会做出什么样的举动。可令他没有想到的是，老婆得到消息赶来后，看到他的模样，并没有过多地安慰他，更没有责备他，只是抱了抱他说："老公，我相信以你的能力，一定可以重新站立起来，甚至比以前做得更好，你永远是我和孩子的榜样！"在老婆的鼓励下，小苏很快就从病床上站立起来，并很快又找到了一份更好的工作。

老婆的一句看似简单的话，却给了小苏无限的动力，让受伤的他很快从病床上站立起来，并找到了更好的工作。可见，对于身处逆境的人来说，赞美的话语不需要太多，但起到的作用却是巨大的。

"送人玫瑰，手留余香"。聪明的女孩明白，适度的赞美他人，不但能让别人开心，自己也会开心。也许一个会赞美他人的女孩不一定是个成功的人，但一个成功的女孩一定是一个会赞美他人的人。

巧妙地拒绝他人

聪明的女孩懂得，拒绝对方时一定要顾及他的面子，她们会在尊重对方的同时，表明自己的立场。

在人际交往中，拒绝他人的请求，乃是常有的事，有些人害怕一旦拒绝的话，会伤害彼此的感情，所以在遇到这种情况总是不知所措；有些人不善辞令，可能会因为一次拒绝而得罪多年的朋友；也有些人善于周旋，尽管天天都在拒绝别人，但仍然广结良缘，极少招来非议、埋怨。因为聪明的女孩在拒绝他人的时候，一定会先考虑到对方的面子，她们会尽量率直地说明实情，并在尊重对方的同时，表明自己的立场。

陈妍是一家外企公司的职员，前不久，她的朋友帮她介绍了一个对象——李毅。李毅的条件很优越，国内名牌大学毕业，又出国留过学。现在他正经营着一家小公司。其实陈妍从心里并不接受这样的方式，但是却架不住好友的热情，最后不得不出面赴约。约会时，李毅满怀信心，他春风得意的样子让陈妍心里很不舒服，对他的印象也不好。

约会回来刚到家，李毅就打电话过来问她感觉怎么样，陈妍明白，虽然他说话时也很礼貌，可是一想起他满脸得意的样子，她的心里就有说不上来的难受，可是她又不好意思直接说出口，就找借口说让她考虑几天再答复。这几天，对方总是三番五次地打电话约她到外面玩，这让她很苦恼。

拒绝别人的请求时，顾全他人的面子很重要，但是也应该委婉地表明自己的立场。有些人在拒绝他人的要求时，总觉得直接开口拒绝不好意思，想通过时间让对方明白自己的心情，结果却往往导致对方摸不清自己的真正意思，给自己带来更多的麻烦。其实，人际交往中你越是不好意思，越会给他人带来误会。

其实，当你遇到一些你不愿意做的事情时，只要能够掌握一些拒绝的技巧，就可帮你化解难题。

1.拒绝时，要尽最大可能表达你的友好

拒绝的话，没人愿意说，但有时又不得不说。成功的拒绝者，在拒绝对方的时候，会注意到自己的语态。不同的说话语态，产生的效果截然不同。如果你只是冷冰冰地说出“对不起”三个字，只会让对方觉得你在“摆架子”，会对你的行为很反感，甚至无法接受。这样不仅达不到预期的效果，而且还有可能会影响彼此之间的感情，甚至会引发不必要的矛盾和冲突。因此，聪明的女性在拒绝他人的时候，一定会把自己友好的一面表达出来，让对方知道你并不是不愿帮忙，而实在是无能为力。

2.拒绝时，适当运用一些技巧

当他人向你推销某种产品，而恰好你又不喜欢这种产品时，可以找一些借口，如你可以告诉他你需要回家和家人商量一下，再给他答复；或者直接告诉他你暂时还不需要，等你需要的时候，你再和他联系；或者说“真是不巧，我刚刚买的新的，回头我问一下周围其他人看是否有需要，如果需要的话，我再给你联系”等。相信听了这样的话，对方一定会明白你的真正想法。

当女性朋友在面对异性的邀请时，若还想以后保持良好的关系，可以利用“第三者”巧妙地转达你的拒绝，或者通过转移话题来暗示你对他没有兴趣。

在社交场中，掌握了拒绝的技巧，就可以避免使自己陷入两难的境地，同时也可以得到别人的宽容和谅解，这对维护你的好人缘尤其重要。

批评的艺术

批评的目的，只是打动对方，使其认识到自己的错误，回到正确的轨道上来，而不是贬低对方，所以，要在给予对方肯定的同时，指出其不足之处，这样更容易让人接受。

人人都喜欢听赞美之言，对于批评的话语，即便从心理上承认，如果批评者不讲究说话技巧，也会让对方觉得很难接受，甚至会适得其反。实际上，批评是一种说服的技巧，也是一门沟通的艺术。

在他人犯错误时，如果你胡乱指责一通，既不利于他人认识错误、改正错误，也不利于维护良好的人际关系，只会使事情演变得更加糟糕。所以，一定要掌握批评的窍门，这样才能让他人更好地接受，达到良好的效果。

1.给“苦药”包上糖衣，更有利于开展工作

如果你希望自己的批评取得良好的效果，就要在方法上下功夫。首先，你要明白，批评的目的，只是打动对方，使其认识到自己的错误，回到正确的轨道上来，而不是贬低对方，所以，要在给予对方肯定的同时，指出其不足之处，这样更容易让人接受。

李霞是公司新来的文秘，平时她做什么事情都挺认真细心的，可是×天她给领导准备的材料上却出现了几个低级错误，这让领导有些恼火。会议结束以后，领导把小李叫到自己的办公室里。刚开始李霞没明白到底发生了什么事情，只见领导问她×天是不是有什么不顺心的事情，李霞回答没有什么不顺心的事。领导话题一转，开始夸她工作认真，办事周到细致。“不过如果你能再认真一点，相信你一定会更出色的。对于你×天出现的几个错误，我想你以后也一定会更加注意。”李霞听了，赶紧答道：“您放心，我一定会注意的。”事情就这样简单地解决了，从那以后，李霞工作更认真了，再也没有出现过什么差错。

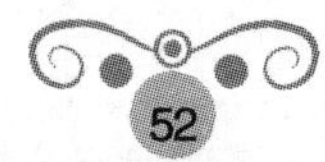

试想一下，如果当时领导直接批评李霞做事不认真，并告诫她以后要特别注意，结果会怎么样呢？她可能会在心里为自己辩解“不就是几个错误吗？谁不会犯错”。她也可能会与领导争执起来，影响一天的工作、心情，甚至出现更多的错误。由此可见，在给予他人批评的时候，不妨先给予他人肯定，这样会让对方更乐于接受批评，而且还可以表现出你宽容、温柔的品质，更有利于你和周围人的团结。

2.说话留有余地，考虑对方的承受能力，给人自省的机会

金无足赤，人无完人。只要是人，都可能会犯错误。在对待他人所犯的错误时，聪明的女孩懂得适可而止。从某个角度来说，批评的目的在于使被批评者能够自己觉悟，从而纠正错误。如果你只是图一时之快，无视别人的承受能力，说话不留余地，只会让人觉得你不近人情、不可理喻，也许丝毫无助于别人改正错误。

有位女经理让她的下属给她准备会议文件。等到第二天开会的时候，她发现了文件中的有几个错误的地方，但她并没有直接批评这个年轻的下属，而是把她叫进办公室，然后对她说：“你这件衣服很漂亮，你真是一个迷人的小姐。只是我希望你打印文件时注意一下标点符号，让你打印出来的文件像你一样可爱。”下属听了经理的话，回答道：“您放心，我一定会的。”对于这次批评，她印象非常深刻，从此以后，她打印的文件很少出错。试想一下，如果那位女经理换一种盛气凌人的口吻呵斥：“你怎么工作的？连标点符号都搞不清楚，亏你还是大学生呢？”结果会怎样呢？显而易见，如果女经理以这样的方式教育员工的话，只能让下属觉得委屈，从心里对女经理产生抵制的情绪，根本达不到纠正对方错误的目的。

这位女经理是一个聪明的女孩，她善于说话，能够通过简单的语言达到让人自醒的目的，同时又维护了良好的人际关系。

另外，批评他人的时候，要注意就事论事，不应伤害他人的自尊，要给他人留足面子；言语上也要注意，不能主观武断，夸大其词，更不能翻旧账。批评他人的时候，只需简单的几句话，点到为止，让犯错误者自己去思考、判断和反省是批评他人的原则，也是批评者个人魅力的体现。

第 3 章

利用女孩社交优势，把交际的主动权握在手里

女人要想获得交际的成功，不但要具备交际风采和艺术的语言，更应该掌握一些交际技巧。只要掌握了这些技巧，就可以轻松掌控人际交往中的主动权，从而获得交际活动的成功。只有这样，女人才能在社交场上站得更稳，走得更远。

充分利用女孩的社交优势

21世纪，越来越多的女孩，在社交场上，以其丰富的内涵、优雅的举止，实现着自己崇高的人生价值。

随着社会的进步，人与人之间的交往越来越频繁。女孩要想在人际交往中取得更大的成功，首先应该了解自己，然后立足于自身优势，最大限度地发挥自己的优势。只有这样，才能让自己更加快乐地驰骋于社交大舞台上。那么，女性在社交方面到底有哪些优势呢？

1.女性拥有美好的仪态

美好的仪态，无疑是女性的一种魅力；得体的打扮，能使女性在人们眼中留下美好的印象。女孩具有将自己的美丽辐射给这个世界的能力，一般在大型派对上，整场的焦点人物通常都是女性，她们不一定是最漂亮的，但一定拥有优雅的姿态和亲和力。社交场上的魅力女孩，无论在什么时候都会落落大方、举止得体，在为人处世时总是有理有节，在与人交流中总是优雅不俗，散发出令人无法抵挡的独特魅力。这些都使得女性朋友在社交场上备受关注，在一定程度上能够更容易得到他人的善待。

2.女性拥有温柔、善解人意的内在潜质

温顺、和蔼、容易与人相处、感情丰富且善于体谅人等是女性社交的先天性优势。在人际交往中，几乎每个人都喜欢听柔情细语，欣赏甜蜜的笑脸。女孩的生理、心理等特点决定了她们往往感情细腻、柔和，更容易体验负疚心理，更愿意设身处地地考虑他人的境遇。这使得女性在社交中不易伤害他人的情感或有损他人的面子，因而更容易得到他人的尊敬和信任，有利于社交活动的进行。某些时候，女性以自然的柔情所产生的力量，远比男人的“钢铁性格”所产生的力量要强大得多。

3.女性拥有先天的语言优势

科学研究发现，由于男女的生理差异原因，在发育早期，女性分泌的雌

性激素能促进脑的早熟，并帮助控制与语言相关的皮层更早发挥作用，促成女性“会说话”的先天优势。女性的声音较柔美，语气往往比较温和，表达问题也比较婉转。在工作中，女性遇到问题时往往是晓之以理，动之以情，以平等的身份与他人沟通交流，这样可以拉近彼此的距离，因此，处理问题时也更易于被人接受。女性处世一般懂得进退自如、委曲求全，避免矛盾的激化，更有利于团结。

刘菲是一家化妆品公司的职员，公司老总玛丽女士要求，所有员工必须使用本公司的化妆品。虽然刘菲也很爱美，也很想按照要求做，无奈薪水有限。一次，当刘菲正在使用别的公司生产的粉盒及唇膏时，老总向她这里走过来，吓得她赶紧收起来。老总走到刘菲桌旁，微笑地说道：“老天爷，你在干吗？你该不会想背地里给别的公司做宣传吧？”虽然她的口气十分轻松，脸上洋溢着微笑，但是刘菲还是有点害怕，不敢吱声，心想这下完了，肯定要挨批了。但是，对方并没有发火，也没再说什么就走开了。第二天，老总就送给刘菲一套本公司的化妆及护肤产品。然后对她说：“使用中如果觉得有什么不适的话，欢迎你及时地告诉我。”后来，老总给公司所有的员工亲自做示范，并且做出决定：员工在购买本公司的化妆品一律可以打折。从此以后，公司所有的新老员工都有了一整套本公司生产的适合自己的化妆品和护肤品。

玛丽女士亲和的态度、友善的话语及设身处地地替别人着想的性格，自然赢得了员工的信任与尊重，并轻易获得了员工的好感。

4.女性拥有独特的思维能力

女孩的“网式思维”与男性的思维模式相比，更善于协作。女孩由于认知等方面的原因，在对问题的思考上更偏向于关联性的思维，而男性更注重的是深层次的思维。伴随着信息化和全球化的发展，人们不得不权衡和综合很多因素，来做出最终决定，因而便凸显出女性思维模式的重要性。女性的网式思维使得她们在解决问题时更善于协作，更注重全局而非局部，她们会权衡更多的变化因素。这些使得女性在社交场合或协同工作时，表现出了更强的交际能力。

5.女性拥有超强的忍耐力

许多事情的成败都其实都与忍耐力有关，耐力往往是以平静的心态、婉转的语气和坚持不懈的毅力来体现的。性别的差异，导致男性与女性在生理和心理上的差异，也导致了性格的差异。男性一般性格比较急躁，女性一般比较有耐心。对于身体的忍耐、食欲的忍耐、噪声的忍耐等，女孩似乎都是超强的。

无论是研究还是实践，都已证明：女性凭着天生的优势，在社交场上更容易获得成功。只要能够充分利用自己的优势，相信每一个女孩都可以成为社交场上的璀璨明星。

兴趣是拉近距离的最好通道

利用共同的兴趣，吸引对方的注意，在感情上获得对方的认同，于是两个原本陌生的人，瞬间变得熟悉起来，双方都放下了心里的猜疑、紧张……

共同的兴趣和爱好可以促进交往的双方相互接近，并在心理上诱发出一种特定的吸引力，缩短双方的心理距离。

有些女性在与人交往时，尤其是与人初次接触时，往往不知道该如何开口。如果这时能够找到一个双方都感兴趣的话题，既可以消除尴尬的气氛，又可以迅速拉近彼此间的距离，从而找到社交活动的切入点，掌控人际交往的主动权。

苏倩是一位大型商业会议的组织者，她每天都在应酬不同的老板，其中大部分都是男性。刚开始从事这份工作的时候，她觉得很吃力。有时候与那些有钱人在一起，她都不知道该聊些什么。听一个朋友说，只要能够把那些时尚的活动搞清楚了，就不用担心了。这不前几年流行高尔夫的时候，她没有足够的资本去球场练球，只好去买一些有关高尔夫的书籍回来恶补理论知识，和那些大牌老板也能聊得津津有味。这几年流行马术，她又提前把马术的要领弄得一清二楚。总之，她总是跟着时尚走，以确保与客户有共同的话题。闲暇时间她也会研究一下围棋、字画等。有一次，她了解到一位老板非常喜欢书法，就直接跟他说，“听说老板爱好书法，希望不吝笔墨，给我们留一个纪念”。老板一听，当场挥毫，写了一幅字送给她。她当即表现出自己的爱惜之情，请旁边的工作人员把字裱起来，挂在自己办公室的墙面上。

苏倩正是利用共同的兴趣，吸引了对方的注意，在感情上获得了对方的认同，于是两个原本陌生的人，瞬间变得熟悉起来，双方都放下了心里的猜疑、紧张……在轻松舒适的环境中，双方的谈兴自然越来越浓。可见，能否找到共同感兴趣的话题，对社交活动的完成，有着举足轻重作用。

那么，与他人交往时，如何才能找到对方感兴趣的话题呢？

1.根据谈话对象的性别来寻找共同话题

年轻的女性往往喜欢讨论个人的皮肤、化妆、服饰、男友等话题。要想和年轻女性找到共同话题，不妨从这几方面入手。而男人通常喜欢谈论个人的成就、经济、军事、旅游、体育等方面的话题，如果你希望与对方相谈甚欢，可以在平时多看这些方面的文章，以提高自己的知识水平，这样与他人交谈的时候，才能轻松自如。

2.根据对方的人际关系圈来判断其兴趣、爱好

“物以类聚，人以群分”，通过其个人的交友圈就可以判断他的兴趣、爱好，而后你可以就某一种兴趣，发表一下自己的看法与体会，并请他谈谈自己的心得，以验证你的判断是否正确。

3.增加自己的知识面，广泛涉猎各方面的知识

女孩要想在交际场上展现自己的风采，就要广泛发展自己的兴趣、爱好，拓展自己的知识面。只有这样，才能在与他人交往的时候，掌握交际的主动权，在社交活动中做到游刃有余。

兴趣是人与人之间交往的催化剂，有共同兴趣和爱好的人，交流起来会更顺畅、更愉快。

无论是男人还是女孩，都希望自己喜欢的东西得到大家的认可。如果你能准确了解他人的兴趣、爱好、特长，并不失时机地给予他人表现的机会，相信你一定会很快赢得对方的认可，并与对方建立良好的关系。

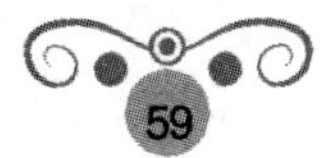

了解他人的心理需求

要想在人际交往中取得成功，首先要了解对方的心理需求，找准突破口，然后选择恰当的方式与之沟通，并尽力满足其需求。

交际学上有一条原则：先满足别人的需求，再达到自己的需求。在日常的交际中，我们如果掌握了他人的心理需求，把满足对方的心理需求作为交际的切入点，然后选择恰当的方式与之沟通，就可以达到成功交际的目的。女孩想要在社交活动中，掌控交际的主动权，就要准确了解他人的心理需求，只有从对方的心理需求出发，才可能取得交际的成功。

有一个富翁特别喜欢吃烤鸭，于是他高薪聘请了一个烤鸭师傅，每天专门为他烤一只鸭子。这个师傅的手艺真是不错，他烤出来的鸭子皮脆肉嫩，非常可口。很多天过去了，富翁天天吃着可口的烤鸭，却从没有对烤鸭师傅说过一句赞美的话。

烤鸭师傅有些生气，所以他就想了一个绝妙的办法来对付富翁。烤鸭师傅把烤出来的鸭子都去掉一条腿。富翁虽然觉得奇怪，但是碍于自己的身份不好过问。连续几天过去了，烤出来的鸭子还是只有一条腿，富翁实在忍不下去了，他就问烤鸭师傅：“为什么这些天以来，你烤出的鸭子只有一条腿？另一条腿哪儿去了？”烤鸭师傅回答道：“你还不知道啊，这些鸭子都是只有一条腿的，不信我带你去看看！”富翁当然不相信他的话，于是一同前往后院去看。

因为天气炎热，鸭子们都缩着一条腿站在树下休息。烤鸭师傅说：“你看，它们都是只有一条腿啊！”

富翁仍然不相信，当即拍了几下手掌，那些鸭子受到惊扰，纷纷伸出另一条腿逃跑了。富翁说：“你看，它们不都是有两条腿吗？”烤鸭师傅回答道：“是啊，你要是早鼓掌的话，那鸭子早就是两条腿了。”

人人都渴望被他人认可，烤鸭师傅也一样，他只是希望那些享用美餐的人，能够认可他。但富翁却没有及时了解他的心理需求，因此烤鸭师傅便想

出这样的计策来向富翁表达自己的想法。由此可见，想要与周围的人建立良好的人际关系，必须善于观察他人的内心，要了解对方的心理需求，找准突破口，然后尽最大可能满足对方的心理需求。

那么，如何做才能了解并满足对方的心理需求，顺利完成交际任务呢？

1.善于观察，掌握对方的重点情况

可通过对方的话语或周围的环境及结交的朋友，了解对方的脾气秉性，了解对方的心理需求，必要时也可以通过第三方把对方的情况打听清楚。只要善于观察，就会掌握对方的喜好找到社交的突破口，为顺利交流做好准备。

2.根据所掌握的情况，选择自己的表达方式及内容

了解到对方的心理状况后，可从双方的共同点开始交谈，找到共同语言，这样可以引起对方的谈话兴趣，赢得对方的好感，有利于人际交往的顺利进行。

3.恰到好处地满足对方的情感需求

在与人交往中，只有恰到好处地满足对方的情感需求，才能获得他人的认同，有利于人际交往的顺利进行。你可以从关心对方身边的人做起，与他建立“近亲”意识；在对方遇到困难时，助他一臂之力，时时用自己的行动，感化他。

在人际交往中，既有明显的个性心理，也有普遍的共性心理。你只要能够准确了解出对方的心理需求，把满足对方的心理需求作为交际的切入点，就可以掌握交际的主动权，获得交际活动的成功。

舍得付出的女孩易被人接受

聪明的女孩懂得，如果自己先付出，代价可能会很低；等待越久，付出的代价可能就越大。付出时越慷慨，得到的东西就越丰厚；付出时越吝啬，得到的就越稀少。

北美广告界的女奇才凯丽，年幼时曾经在寒冷的冬天成功地把饮料卖掉。那时她只有十五六岁，在一家马戏团做童工，主要负责在场内叫卖小食品。因为天气寒冷，前来观看马戏的人本来就不多，买东西的人就更少，饮料简直无人问津。凯丽也很着急。她想："天冷所以饮料卖不出去，怎样才能让他们在大冷天也需要饮料呢?"

她马上开动脑筋，认真思考。只有人们口渴时才会购买饮料，那么怎么做才能让观众口渴呢？当她的目光落在花生上的时候，她顿时有了灵感。"对，就这么做!"她大声叫喊起来："大家快来看马戏喽！只要您买一张票，我就免费赠送一包好吃的花生。机不可失，时不再来啊!"

大家一听，"竟然有这样的好事?"于是人群很快从四面八方聚拢过来。买票的人越来越多，他们津津有味地品尝着美味的花生，同时却感觉到越吃越口渴，原来这些花生上都撒了椒盐。人们都觉得口干舌燥，凯丽乘机向大家推销她的饮料。大伙想：反正花生是免费的，只要买点饮料就可以了。于是大伙纷纷掏出腰包购买饮料。结果，可想而知，她在一天之内卖出的居然比过去的一个月的销售量还多。

吃多了撒上椒盐的花生会口渴，口渴之后自然就想喝水、喝饮料。那么怎么才能让人看马戏、吃花生呢？凯丽明白，只有自己先付出一些东西，才能吸引人们前来观看马戏。于是她想到把咸花生和门票捆绑在一起销售，免费赠送给观众；借助于人们喜欢贪图"小便宜"的心理，她吸引了很多人前来观看马戏，成功将饮料推销了出去。凯丽的故事，告诉人们一个道理：要想有所收获，要先有所付出。

世界上没有免费的午餐，想要获得成功，必须有所付出。问题不是要不要付出，而是什么时候付出。聪明的女孩懂得，如果自己先付出，代价可能会很低；等待越久，付出的代价可能就越大；付出时越慷慨，得到的东西就越丰厚；付出时越吝啬，得到的就越稀少。

一个人在沙漠里行走，途中遇到暴风沙，他已迷失方向，随身带的水也喝完了。正当他快撑不住时，发现了一幢废弃的小屋。看着堆满枯朽的木头的小屋，他有些绝望地走进屋角，却意外发现一座压水井。

可是任凭他怎么压，也不出半滴水。他颓然地坐在地上，忽然发现井旁

的小瓶子里装满水，瓶口被软木塞塞着，瓶身贴了一张泛黄的纸条。

纸条上这样写着：你只有先把水灌入井中才能引出水来！但是别忘了，离开前，请再将水装满！

他的内心，此刻矛盾极了，如果把瓶里的水倒回去，万一水还是不能出来的话，自己会被渴死在这里；自私点，将瓶子里的水喝掉，他就能活着走出这间屋子！到底要不要冒险？经过一番心里的斗争，最后，他把瓶子里的水，全部灌入破旧不堪地井里，然后他颤抖着去压水，只轻轻地压了几下，真的就有大量的水涌了出来！

一分耕耘，一分收获。只有把种子种下，浇水、施肥、除草之后，才能收获果实；如果没有这些付出，种子就不会萌芽，更不可能结果。沙漠中的人，正是先把一小部分水倒回去，才得到了更多的水。在社交场人，也是同样的道理，要想获得，就要先付出。如果你总想从别人那里得到想要的东西，却又不愿意付出的话，那只能处处碰壁。

与他人交往过程中，对于那些需要帮助的人，你应尽最大可能奉献自己的爱心。人生在世，谁都可能会遇到困难，今天你给予别人帮助，他日你有难处的时候，也会得到别人的帮助。只有怀有一颗乐于奉献、付出的心，才能帮助你在社交场上建立最佳的人际关系。

想要在社交场上获得成功，要先学会给予。给予并不是要你给某人拿出多少钱，给予只是一种态度。只要你能养成给予、付出的习惯，相信你一定会在社交场上赢得他人的尊重。

“将欲取之，必先予之”。只有学会给予和付出，才能感受到获得回报的快乐和满足。

善于借力是女孩行事的智慧

牛顿说：“如果我之所以见得比笛卡儿等人要远一些，那是因为我是站在巨人的肩膀上的缘故。”

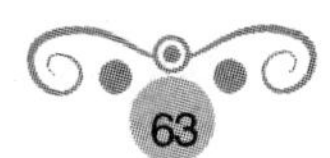

“借力使力”是武学上的说法，似乎和“狐假虎威”有些相似之处：前者说的是借助别人的力量来使出力气，后者是比喻用别人的势力欺压人。虽然后者略有些不堪，但却也是使弱势的一方变强大的方法之一。

牛顿说：“如果我之所以见得比笛卡儿等人要远一些，那是因为我是站在巨人的肩膀上的缘故。”任何人，包括像牛顿一样伟大的物理学家，都需要借助别人的力量来达到自己的人生目标，因为这是一种相对简便、快捷的成功方式。在适当的时候，懂得借力而行，才是聪明之举。

一个小男孩，跟妈妈一起到杂货店买东西。老板很喜欢这个可爱的男孩，就打开一罐糖果，要小男孩自己拿着吃，但是这个小男孩却没有任何动作。

几次邀请之后，老板亲自抓了一大把糖果放进他的口袋里。

回家以后，妈妈很好奇地问小男孩：“你为什么没有自己去抓糖果，而是要等着老板给你抓呢？”

小男孩的回答很巧妙：“因为我的手很小，而老板的手比较大，所以他拿得一定比我拿得多！”

可见，这个聪明的小男孩已经在一定程度上懂得了借势而行的奥妙。

著名的“赤壁之战”也是个借势而为的例子，诸葛亮的“借东风”和“草船借箭”都巧在一个“借”字上。事实上，人类的发展史也是“借”法的演变史：从远古时期的“借”绳记事，借酒消愁、借诗抒情，到现在的借靠山发展，借权利成功，无一不是“借”的功劳。

人没办法选择自己的出身和生长环境，但是却可以根据自己的情况开辟独特的思路，借用别人的力量使自己成功。能够做到“借”力而不被别人看出，借力而不得罪别人，并且使自己获得最大的效益，这才是成功的借力，这样的人才是真正的成功者。

德里·卡内基曾经是美国最富有的人。当他还是一个小孩子的时候，他便从他的家乡苏格兰来到了美国。他干过各种各样的临时工，直到最后成为美国最大的钢铁制造大王。那时候，曾经有 43 个百万富翁为他做事。要知道，在当时，百万富翁可是非常罕见的。那个时候的 100 万美元至少相当于现在的 2000 万美元。

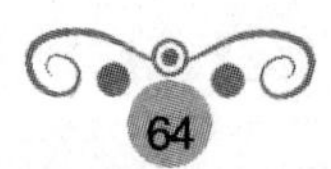

一位记者问卡内基:“你怎么会雇43个百万富翁为你工作?”卡内基回答道:“你应该记得,他们刚开始为我工作的时候,他们并不是百万富翁。他们成为百万富翁,是为我工作的结果。”

这位记者又接着问道:“那么,你又是如何把这些人培养得对你如此具有价值,以至于你甘愿付给他们百万之巨的报酬呢?”

卡内基回答道:“培养人才和挖掘金矿的道理是完全一样的。当开采金子的时候,每获得一盎司的金子,都要先去除几吨的矿渣和废石,但是,人们进入矿区,并非为了寻找矿渣,而是为了寻找发财的金子。”

在这个故事中,卡内基能够成为美国最大的钢铁制造大王,是得益于“借”了43个百万富翁的才智,而这43个百万富翁之所以能够变得如此富有,也是因为“借”了卡内基精心培养的苦心。生活本身就是一个相互“借用”的过程,任何人都无法完全脱离其他人,“互借”是群居的人类共有的本性。

借力做事,不单单可以借用能力、财力,任何可用的资本我们都可以借来使用。一个人有天大的本领,也不可能独自完成宏图大业,任何伟大的事业都是通过借用无数人的才华和聪明才智才能建立起来的。因此,善于借力、借势去营造成功,是每个追求成功的人都应该学习和效仿的。女孩更要善于借力做事,让自己成为一个出得厅堂、入得厨房的绝世好女孩!

勇敢秀出自己

女孩想要在社交场上,获得他人的尊重和认可,就要勇敢地秀出自己,把自己最精彩亮丽的一面,展现给别人。

与他人交往中,做一个有魅力女孩,受到周围所有的人欢迎,是所有女孩都梦寐以求的事情。然而,由于生理和性格等原因,再加上工作和家庭两方面的压力,使得一些女孩存在着或多或少的心理弱点,会在现实面前退缩。女孩想要在社交场上,获得他人的尊重与认可,首先要克服自己的心理弱点，勇敢地秀出自己，把自己最精彩亮丽的一面展现给别人。以自己的人格魅力打动他人的内心，从而掌控人际交往的主动权。

女孩想要克服心理弱点，可以从以下几方面做起：

1.对自己做出正确的评价

女孩想要克服自己的心理弱点，就要对自己做全面的分析。在社交场上敢于向他人秀出自己，必须具备足够的自信。因此，女孩要学会自我欣赏和自我激励，要善于发现自己的优势和潜力，并努力去发挥优势、挖掘潜力，弥补自己的不足。也许生活中，你会有很多地方不如别人做得那么好，但你要相信自己也有美好的一面，要敢于克服自己的心理弱点，找到自信的源泉。

2.注重自己的形象

做一个美丽的女孩，是所有女孩一生的夙愿与追求，也是女孩一生的权利。外在形象的美，可以给女孩带来信心。而外在形象的美，来源于精美的妆容和得体的装扮。给自己画一个精致的妆容，然后，再选择一套得体的服装。这样一来，聪慧的你与他人交谈时，一定会更加自信。

3.提升自己工作能力，让他人刮目相看

出色的工作能力是女孩自信、自强的基石。想要提升自己的工作能力，就要深入了解你的本职工作需要何种人才，自己的欠缺之处到底在哪里。然后通过自己的努力，改变目前的工作状况。如果是知识方面的原因，你可以利用闲暇时间继续学习，提高自己的知识水平；如果是性格方面的原因，可通过参加活动或是观察周围的人改善自己的性格。只要你不断努力不断提升自己的能力和才华，找到你引以为傲的东西，你就一定可以像他人一样，最终克服自卑，走出自信的步伐，亮出丽人风采，迎接更美好的前景。

4.培养坚强的意志，拥有乐观的心态

在社交场上，女孩想要打动他人的内心，只有自信是不够的。女孩想要得到他人的尊重，还要培养坚强的意志，坦然面对社交场上的挫折和失败，以乐观的生活态度来实现自身价值，用自己独特的人格魅力来打动他人。

5.提高自己的道德修养，正确面对他人的成功

在社交场上，女孩想要获得他人的认可和喜欢，必须拥有良好的道德修

养，在面对他人的成功时，要用平常心去对待，虚心向他人学习；遇到问题时，应听取他人的意见，善于和他人合作。

在人际交往中，敢于秀出自己的女孩，能以自己的人格魅力，赢得他人的尊重和赞美，有利于人际关系的建立。所以，女孩要敢于把自己的美大胆地秀出来。

酒桌之上会应酬

请客吃饭是每个女孩都会遇到的事情，不管你的身份是客人，还是主人，都不免要在酒桌上客气一番。可见，酒桌也是女孩尽显自己魅力的好场合。

中国人讲究喝酒：感情浅舔一舔，感情深一口闷，感情铁喝出血。当然这喝出血未免有些不拿自己性命当回事，不过这也从另一方面说明了中国人对酒的情怀。

酒桌对于女孩而言，有时是福地，有时却是危险之地。因此，女孩，尤其是年轻漂亮的女孩，要学会一些酒桌上的应酬方法，一则不会在众人面前丢人；二则可以轻松化解尴尬、保护自己。

酒桌之上主要围绕酒来进行，基本步骤就是斟酒、敬酒、致祝酒词和推酒，下面我们来逐一学习一下。

1.斟酒

量：酒桌上的酒一般以斟满为敬。斟酒需要适量。斟白酒（烈性酒类）、红葡萄酒入杯均为八分满；斟白葡萄酒入杯中为六分满；斟白兰地酒入杯时，杯中酒液与杯口平齐；斟香槟酒入杯时，应先斟到1/3，待酒中泡沫消退后，再往杯中续斟至七分满即可；斟第一杯啤酒时，应使酒液顺杯壁滑入杯中，呈八成酒、二成沫；调鸡尾酒时，酒液入杯占杯子的三成即可，这样既便于客人观赏，又便于客人端拿饮用；冰水入杯一般为半杯水加入适量的冰块，不加冰块时应斟满水杯的3/4；黄酒应斟八分满。

顺序:酒席、宴会斟酒的顺序,从总体讲,应从主宾位开始,再斟主人位,并顺时针方向依次为客人斟酒。当然,由于宴会的规格、对象、民族风俗习惯不同,因此斟酒顺序也应灵活多样。

斟酒时,要注意面面俱到、一视同仁,切勿挑挑拣拣,不平等对待,只为个别人斟酒,这是非常没礼貌的。

2.敬酒

敬酒的方式有四种:文敬、回敬、互敬、罚敬。

文敬:即有礼有节地劝客人饮酒。酒席开始,主人往往在讲几句话后,便开始了第一次敬酒。这时,宾主都要起立,主人先将杯中的酒一饮而尽,并将空酒杯口朝下,说明自己已经喝完,以示对客人的尊重。客人一般也要喝完。在席间,主人往往还要分别到各桌去敬酒。

回敬:客人向主人敬酒。

互敬:客人与客人之间的敬酒,为了使对方多饮酒,敬酒者会找出种种对方必须喝酒的理由,若被敬酒者无法找出反驳的理由,就得喝酒。在这种双方寻找论据的同时,人与人的感情交流往往亦得到升华。

罚敬:这是中国人敬酒的一种独特方式,也就是罚酒。罚酒的理由也是五花八门,最为常见的可能是对赴宴迟到者的“罚酒三杯”,有时也不免带点儿玩笑的性质。

敬酒和斟酒一样,一般情况下,都应该以年龄大小、职位高低、宾主身份为序,敬酒前一定要充分考虑好敬酒的顺序,分明主次,避免出现尴尬的状况。敬酒时态度要热情、大方,应起立举杯并且目视对方,而且整个敬酒过程中都不应将目光移开。

3.致祝酒词

祝酒词是酒桌上的重点,通常是敬酒者在敬酒时发表的一席表示诚挚祝福或谢意的言辞。有些正式的宴会或是酒会,会有正式的欢迎词和祝酒词,而一般的酒桌上则不要长篇大论,几句发自肺腑的话或是应景的话点到就好。好的即兴祝酒词,不但要引经据典、生动有力,更要注重随着宴会气氛的变化而变化。要宜露时见锋芒,宜隐时见含蓄,宜谐时诙谐幽默,宜庄时持重沉稳,还要反应及时迅速,也就是人们俗称的“脱口秀”。对方话音刚落，或刚好有一个情景需要，立即举杯，以不俗的言辞、精巧的组合、恰到好处的风度举杯祝酒，一定能收到良好的效果。

4.推酒

女孩即使酒量很大也要适可而止，以免酒后失态。所以，女孩要学会推酒，推酒也有很多方法：

巧言法：在应酬中要尽量多耍嘴皮子。一张嘴嬉笑怒骂，能轻易地把敬来的酒挡回去，还不得罪人。不过嘴拙的人不宜使用这招。

转嫁法：眼看酒挡不住时，就转移话题，或者把注意力转移到在座的另一个人身上，成功的话就能侥幸逃掉一杯，不成功就只能喝了。

开车法：开着车来的，不能喝酒。

装病法：身体不适，不能喝酒。

服药法：饮酒时称用药在前，而且所服、所用药物均与酒精及含酒精之饮料配有禁忌，若此药与酒相会于体内，轻则有过敏反应，重则害人害己，故不饮。

保留法：饭局上的酒量是为敬酒准备的，而有的人在吃菜过程中会不知不觉喝掉自己杯里的酒。为了不这样"自己和自己喝酒"，要让服务生留着茶杯不撤掉，即多喝茶、少饮酒。

托会法：此法专用于中午酒场，是单位领导或工作人员屡试不爽之法宝。领导逢会必讲话，讲话不能讲醉话，故中午不饮酒属于正常；工作人员下午要上班，不可让办公室充满酒气，更不能影响工作，故中午不饮酒也易被原谅。

当然，如果真的挡不住了，喝得多了，学会简单的解酒方法对你会有很大帮助。解酒的方法很多，但最好不要依赖解酒药物，也不要相信咖啡、茶能解酒，它们的功效最多只能醒酒而已。最佳的解酒之法是饮用高汤，尤为姜丝炖鱼汤。另外，吃一些水果、喝一点儿蜂蜜，也是解酒的妙方。

适时舞出你的个性之美

女孩某些良好的个性对人际关系起着举足轻重的作用，这些好个性的巧妙运用，可以让她们如鱼得水，在人际交往中自由穿梭，轻松掌握人际交往的主动权。

美丽的女孩令人赏心悦目，但真正令人难以忘却的女孩往往是那些具有独特美的女孩。这种独特的美，其实就是所谓的个性美，它可以是独立、低调、端庄、稳重、自尊等。个性是女孩的一种内涵，是女孩的一种精神，更是女孩鲜活的社会符号。每个女孩都拥有自己独特的个性，女孩某些良好的个性对人际关系起着举足轻重的作用，这些好个性的巧妙运用，可以让她们如鱼得水，在人际交往中自由穿梭，轻松掌握人际交往的主动权。因此，女孩想要在交际场上，掌握主动权，就要敢于舞出自己的个性美。

那么，哪些个性更受人欢迎呢？

1.天性自然、纯真，心无城府

此类女孩，比较热爱生活、行动起来无拘无束、随心所欲，又有些漫不经心。在社交场中，无论是男人还是女孩，都很愿意与这类人交往。这种个性的女孩思想比较通透，像水一样清澈，让人一眼就可以明白她们的心思。在人际交往中，人们往往不太喜欢那些看起来精明伶俐的人，“笨”一点的女孩，更容易受到别人的信任，从而更有利于在社交场上获得成功。

2.性格活泼，办事利索，勇于竞争，执着追求

活泼的女性以性格开朗、豪放著称，情感比较丰富、外露。这种类型的女孩在应酬中善于言辞，幽默、健谈、乐观积极、能吸引听众的注意，也能控制谈话的内容，从而掌握交往中的主动权。她们往往有一种敢于竞争，敢于进取的拼搏精神。她们自主、自立意识较强，无论是在生活还是工作中，当遇到问题时，很少有依赖思想，办事比较有主见、有胆识、干脆利落。在社交场上，她们热情、开朗、直爽、重义气，因此深受他人的喜爱，容易结交朋友，也容易为自己的事业争取更多的机会。

王丽是一家食用油公司的产品销售员，她性格活泼，很健谈，在公司里，她的业绩总是第一名。一次，她打算把产品卖给一个生意很不错的湖南人。当她第一次上门去的时候，刚想跟女老板打招呼，不容她开口，对方很不耐烦地说："不要、不要、不要！我已经跟你们这些人说了很多回了。"一看她这种态度，王丽心想这时跟她谈业务，效果肯定不好。于是改口道："我来你这里买点辣椒。"于是一边挑东西，一边和老板攀谈起来。经过几分钟的交流，王丽已经把她的情况打听得很清楚。此时不能谈正事，只能等以后见机而行，她相信自己一定可以做成这笔买卖。

那次之后，王丽一有时间就特意在老板忙的时候去帮忙，帮她搬货、招呼客人。终于，在王丽去第五次的时候，老板亲自开口说："你什么时候把样品再拿来看看吧。"让王丽没有想到的是，第一次她就要了十件桶装的乡王香油，还是给的现款！

王丽的成功，正是因为她良好的个性赢得了老板的信任。在被他人拒绝后，她没有放弃，而是先与人交谈，掌握基本的情况，并一次次去帮助女老板，用自己的行动打动对方，最终获得交际的成功。由此可见，在社交场上，女孩如果能够主动运用自己良好的个性，对社交活动将非常有益。

3.低调做人，不张扬

这种类型的女孩性格稳重，通常较为平和，做事有耐心、遇事冷静、感情内敛，在人际交往中，对事情经过深思熟虑后，才会发表自己的独特见解，考虑问题全面周到，因此更容易受到他人的赏识。低调的女孩待人和蔼，乐于倾听，不争强好胜，不引人注目，为人谦虚忍让，能够为自己赢得良好的人际关系。

4.凡事追求完美，力求做到最好

这类人属于完美型的女孩，一般性格比较深沉，工作起来严肃认真，有条不紊，目的性强，善于分析、思考人生与工作的意义。因为是完美主义者，她们对自己以高标准严格要求，做事注重细节、讲究条理、逻辑性强、追求善始善终。总是能够发现问题并找到解决问题的办法。她们对自己的高标准、严要求，也能为自己赢得足够的支持。

天生丽质是女孩与生俱来的容颜，我们可能无法改变，但个性气质则可

以通过后天的修身养性而获得。只有那些懂得发挥个性美的女孩，才能在社交场上能赢得别人的欣赏与肯定。因此，女性朋友们要想在社交场上拥有一席之地的话，就要把自己的个性美大胆地秀出来。

不说过头话，不做出格事

交际场上的成功女孩，说话的时候，不会受情绪的支配，对自己喜欢的东西，不会大肆宣扬；对自己排斥的东西，更不会一概贬低。

有这样一个故事：从前，有一位年轻人想要到爱迪生的实验室里工作，于是爱迪生先生接见了他。这位年轻人见到爱迪生后，为了表现自己的雄心壮志，对爱迪生说道："我将来一定能够发明一种万能的溶液，这种溶液可以溶解掉世界上的一切物质。"爱迪生听完他的话以后，只是看着他笑了笑道："年轻人，请问你现在有没有想好要用什么样的器具来盛放它呢？它不是能够溶解一切物质吗？"年轻人这才反应过来，自己刚才把话说得过了头，顿时哑口无言。

故事中的年轻人为了表现自己，把话说过了头，到头来只能让自己陷入自相矛盾的尴尬局面。因此，在人际交往中，一个人说话、做事不留余地，就好比是一盘棋的僵局，即使没有输，也无法再走下去。聪明的女孩说话、办事的时候，一定会先给自己留个转身的余地。

人生在世，说话、做事，是天生的本事。但是能否把话说通透、把事办明白却因人而异。说话、做事看似简单，真正要做起来，却十分困难。难就难在如何掌握好分寸。只有把握好这个分寸，才能在社交场上拥有立足之地。女孩要想在社交场上获得成功，就必须明白一个道理：话不能说过头，事不能做出格。

话不说过头，意思就是女孩在与人交往时说话不能太绝对，要给自己留一点余地。交际场上的成功女孩，说话的时候，不会受情绪的支配，对自己喜欢的东西，不会大肆宣扬；对自己排斥的东西，更不会一概贬低。她们知道世界处于不断的变化之中，随时都会有意外情况发生，所以，她们在说话的时候，一定会有所保留，以免到时候让自己难以收场。

事不做出格，意思是女孩在做事的时候，不能太过于算计，要懂得给他人留一条生路。人生在世，山不转水转，也许你现在正得势，他人奈何不了你，可是一旦失势的那天到来，你难免会尝到自己酿的苦果。一个成功的女孩，会在得势的时候，给自己准备好退路，以备不时之需。

女孩要想成为社交场上的高手，在说话、做事的时候，应该注意以下几个方面：

1.怀着一颗宽容之心，建立良好的人际关系

聪明的女孩懂得，人际交往中，无论是说话做事都应该怀着一颗包容之心。懂得宽容的女孩，交际场上，能够以自己的大度，赢得他人的尊重，有利于人际关系的建立。其实，宽容他人，就是宽容自己，给他人一条退路，就是给自己一条退路。

2.掌握说话、做事的技巧，设身处地的替对方考虑

在社交场上，女孩说话、做事不能太直，要学会让舌头多转几道弯，把自己想说的话、想做的事，先在心里多琢磨一下，想想这样处理是否合适。试着把自己放在对方的角度上来考虑事情，看看如果是自己的话，能否接受这样的结果。“己所不欲，勿施于人”，如果连自己都接受不了的话，别人更不可能接受。如果能够设身处地地替对方考虑的话，你的说话、处事技巧，一定会大有长进，这样你才能处理好与周围的人的关系，成为交际场上的高手。

3.注意交往中的一些说话、做事禁忌

(1)说话态度要和善。俗话说：“打人不打脸，揭人不揭短。”有些女孩说话，嘴太“毒”，专找别人的弱点说，总以为这样一来自己会更有优越感，其实，这样做只能招来别人的厌烦，不利于人际关系的建立。因此，与他人交往中，一定要知道哪些话该说，哪些话不该说，更要以和善的态度待人。

(2)与人交往，心态放正。每个女孩都面临着各种各样的压力，在这个竞争激烈的社会下生存都很不容易。女孩与他人打交道时要保持一颗平常心，不能为了自己的一点蝇头小利就不惜牺牲他人的利益。有些女孩，为了

得到一些好处，甚至不惜出卖友情，还自以为他人不知道。其实，世上没有不透风的墙，到头来，只会让大家认清她们的真面目，从而失去自己的人际关系网。

女孩只有深谙进退之道，学会留有余地，才会掌控好人际交往中的主动权。也只有这样，女孩才能在交际场上进退自如，在激烈的社会竞争中立于不败之地。

记住别人的名字

记住别人的名字是一种礼貌，也是一种感情投资，在人际交往中会起到意想不到的效果。

人生的旅途一路走来，有多少人和事，能在我们心中留下深刻的痕迹？但不论如何，善良的内心真挚地告诉我们，活着就要尊重和善待与你朝夕相处、萍水相逢甚至擦肩而过的每一个人。记住别人的名字，并且能很轻易地叫出来，看似是一个微小的习惯，却是珍惜与尊重别人的表现之一，尊重别人，才能得到别人的尊重，才能让自己更受欢迎。尊重使人宽厚，基石宽厚方能负重，人心宽厚方可立业。

有些女孩可能有这样的感觉，要记住一个人的容貌并不难，容貌是具体可见可思的事物，生人的面孔仿佛是记忆屏幕中的影子，而名字却是一种抽象的存在，很难记忆。然而，对于一个渴望在职场与社交都胜人一筹的女孩，养成记住别人的名字的习惯，是非常重要的。

莎士比亚曾经说过："还有什么能比我们自己的名字更悦耳、更甜蜜？"想要做一个受人欢迎的女孩，我们就要知道一个名字里所能包含的巨大能量，了解这个名字是完全属于与我们交往的这个人，没有人能够取代。记住别人的名字是一种礼貌，也是一种感情投资，在人际交往中会起到意想不到的效果。

美国著名的心理学家和人际关系学家戴尔·卡内基也曾建议："一种既

简单又重要的获取好感的方法，就是记牢别人的名字。”因此，如果你要别人喜欢你，请记住这条规则：在社交场合和商务场合，习惯于去牢记别人的姓名，这至少表示你在乎他。小小的习惯，不仅能帮助你建立良好的人际关系，而且对你个人和事业的发展也大有帮助。

曾14次获得奥斯卡提名的梅丽尔·斯特里普被誉为“影坛常青树”。这年59岁的她有望凭借《虐童疑云》《妈妈咪呀!》再度冲击第81届奥斯卡大奖。尽管宝刀未老，但斯特里普在伦敦宣传《虐童疑云》时直言，“老”牌女星不好当，并不避讳奖项交锋的她给了比她年轻许多的某女明星众多建议，其中最重要的一点建议就是——牢记他人的名字。

原来，在第66届金球奖颁奖典礼上，获胜的温斯莱特上台后提到了其他入围对手，却把安吉丽娜·朱莉的名字卡在了喉咙里。“记住别人的名字很重要”，斯特里普说：“不然的话，这会伤害别人的感情。”

斯特里普以自己为例回忆道，1982年，年轻的斯特里普凭借《苏菲的选择》领取奥斯卡大奖时，曾忘记感谢制片人，“后来，他打量了我很久才吐出一句：‘非常感谢！’这件事让我很受伤。从此以后，我学到一点：即使你没有准备发言，也不能丢了这些名字。”

不仅斯特里普，许多成功的女性都曾在不同场合提到过记住别人的名字这个习惯的重要性，也许有人会说，“我认识的人太多，我很忙”，然而，即便如斯特里普这样生活圈子极广的女明星尚且能够在认识到错误之后，迅速养成记住别人名字的良好习惯，对于生活圈子要小得多的普通人来说，记住别人的名字并不是什么难事。要相信，最简单、最重要的得到好感的方法，就是记住别人的名字，当然，我们记住他人的名字，并不是非要期望从中得到多少好处，更重要的是，这个习惯体现出女性特有的细致与对他人特有的尊重。

记住一个不太熟识的人的名字，就如同巧妙地给予别人赞美，也许下一秒钟，你与这个一面之缘的人就能成为莫逆之交，生活中多一位知己或闺密，对女孩而言，是何等曼妙之事。

记住一个分开许久的故人的名字，在漫长别离后再一次意外而偶然的相逢，你依然能熟稔地叫出对方的名字，对方也同样会叫出你的名字。那声准确的呼唤，包含着多少亲切与从内心深处汹涌而出的欣喜，温暖着两颗久违的心。

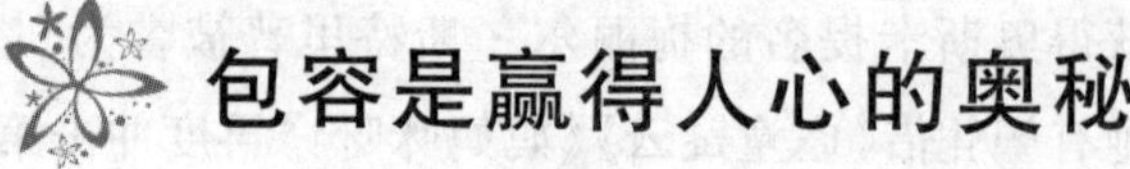

包容是赢得人心的奥秘

包容是女孩的一种生存智慧、交往艺术，是看透了社会人生以后所获得的从容、自信、超然和大度。

“宰相肚里能撑船”“得饶人处且饶人”“知足常乐，能忍自安”等都是对包容心态的赞誉。在生活中，尤其是面对亲情、友情、爱情时，女孩难免会遇到意见相左、矛盾激化的事情，若没有冒犯到自己的原则，你不妨包容对待、不计得失、以心换心。亲人之间，包容大度是你依赖的心态，会让人倍觉温馨祥和、温情脉脉；朋友之间，包容大度是你豁达的心态，能弥合双方的矛盾，沉淀心底的珍惜；爱人之间，包容大度是你爱恋的心态，能切除不和谐画面，让爱变得甜蜜、长久。女孩是生活在天堂还是地狱，全在自己，若你具备包容的心态，就会永远生活在天堂，享受如沐春风的人间温情。

因为丈夫工作很忙，凤敏平时很少和丈夫聚在一起吃饭，所以，只要周末有休息时间，凤敏便会在家做顿温馨合口的饭菜和丈夫一起吃。一个周末，凤敏刚做好中饭，正兴致勃勃地叫丈夫吃饭，他应着声就冒冒失失往厨房钻。谁料凤敏正端着一碗鸡汤往饭厅里去，丈夫进厨房正好与凤敏碰了个正着，一碗汤就打翻在凤敏的手上。刚刚从锅里舀起来的汤多烫啊！于是，凤敏的右手背即刻被烫红了，火辣辣地疼。丈夫马上手足无措地找来烫伤膏给她涂上，并很心疼地对她说：“真该死，疼得厉害吗？”可此时凤敏却微笑着说：“没关系，一会儿就好。有没有伤着你呀？”凤敏这句包容、体贴、温柔的话刚说完，丈夫便忧郁、自责地望着她，像看外星人似的。“怎么，吓着你啦？”凤敏调侃道。“可不是吗？烫在你身上，可疼在我心上啊！”“那好啊，你给我吹吹吧。”呵呵，就这样，凤敏一言，丈夫一语，疼痛一下好像减轻了许多。

一次，凤敏在下班回家路上，遇见一位久违的高中同学，喜悦不已，立刻驻足与她攀谈起来，聊得正火热，没想到，迎面急匆匆走过来一位先生，双手拎着大包小包，也许有什么急事，走得有些急，一不小心撞了凤敏，也不知包里装的什么东西，反正是很坚硬的东西，把凤敏的背撞得生疼。出于条件反射，凤敏嘴里不由自主发出“哎哟”一声，听见凤敏的哀叫，那先生转身回头看了凤敏一眼，一副很抱歉的样子。如果此时没有包容的心，让一句不友好的话从口中愤愤而出的话，想必将会是一场口水战，可凤敏没那么做，反而很谦和地对他说：“很对不起，先生，是我挡住了你的去路。”一句道歉的话倒使那位先生感到很不好意思，他说道：“哪里、哪里，应该是我对你说声‘对不起’才是。”凤敏也玩笑似的说：“好吧，大家都‘对不起’吧。”就这样，凤敏轻松地将一场干戈化为了玉帛。

包容大度的女孩是美丽的，也是值得他人尊重的，像凤敏这样的女孩，拥有迷人的个性、独特的魅力，更容易博得人们的钟情和喜爱，谁都愿意成为她的朋友。电视剧《京华烟云》中的姚木兰同样是用一颗包容之心，改变了生活，收获了幸福。

木兰本来有一位情投意合的意中人，但阴差阳错，她不得不离开心爱的人，代妹出嫁，嫁给了她不爱，也不爱她的曾荪亚。在木兰的心里，既然入了洞房，成了夫妻也算是缘分，就要好好珍惜，在婚姻里培养感情。但荪亚是一个极具叛逆性格的人，他不喜欢被人管教，也不接受这桩婚姻，他爱上了小鸟依人般的曹丽华。木兰得知之后，没有大吵大闹，反而找到曹丽华，和她谈话，以自己的包容大度使曹丽华心生愧疚；为了搭救落难的曹丽华，木兰甚至忍辱向京城恶少深鞠一躬，要知道，她救的可是自己丈夫的情人！不仅如此，她还和丈夫一起把身子孱弱的曹丽华接回家里照料，这无异于引狼入室，聪明的木兰岂能不知？但她更知道，自己的丈夫现在就像一个任性的、被人宠坏的孩子，自己不这么做，只会使他更快地离开自己。木兰在等待，等待丈夫明白作为男人应负的责任，木兰在以一个女孩极大的善良和忍耐力在包容自己的丈夫和自己的情敌。她心里不苦吗？苦！在一个风雨交加的夜晚，荪亚担心曹丽华害怕，偷偷地跑去陪她，他走之后，装睡的木兰痛哭失声。即便如此，在曾家人准备趁荪亚出国留学不在家，强迫曹丽华嫁人

时，是木兰及时帮助她逃了出去。木兰的所作所为，不仅是在挽回丈夫的心、挽救自己的婚姻，更是她包容善良的人格促使她去帮助一切需要帮助的人。木兰的努力没有白费，生活的种种磨难终于使荪亚成熟了，他真正认识到了："这么多年，躺在我身边的，才是最值得我珍爱的宝贝。"

包容大度是女孩的一种绝佳心态、一种温暖的凝聚力、一种高素质的修养、一种非凡的气量、一种仁爱的光芒、一种生存的智慧。人生万象，无不充满了对立、矛盾，如何寻求两者间的协调，达至和谐呢？这就需要我们扩大自己的胸襟和容人之道，不要以狭隘的眼光去看待人和事，无理取闹、过分苛责，而要用宽大、通达的心态和眼光来细细打量，真实地感知生活，享受生命的美好。如此面对生活、人生，你才能拥有平静从容的心，活得更轻松、洒脱。让我们多一点善心，少一点恶意；多一点理解，少一点猜疑；多一点理智，少一点偏执；多一点安慰，少一点埋怨。请相信，用包容的心态看待他人，就是用包容的心态看待我们自己，多一点对他人的大度，我们的生命就多了一点空间，多了一份快乐，这样就会拥有更和谐的氛围、更长久的幸福！

第4章

展现你的美丽优雅，用大方的仪态提升交际魅力

现代女人，无论是偷得浮生半日闲之时，还是与人交际的正式场合，都应该是优雅的、从容的；站坐有态、落落大方的的女人才能成为交际场上的赢家，女人要拥有轻盈优雅的步伐，要尽量避免一些不雅仪态，要让自己所要表达的内容能够通过声音、语气、词汇等多种方式传达给对方，这样的女人，即使无言，也能令人心生好感。大方地秀出你的魅力，做一个端庄秀雅、仪态万方的女人吧！

微笑是人际交往中的通行证

真诚的微笑,其效用如同神奇的按钮,能立即接通他人友善的感情,因为它在告诉对方:我喜欢你,我愿意做你的朋友。同时也在说:我认为你也会喜欢我的。

曾有一个针对男性的调查,题目是,“你最喜欢女孩的什么表情”,结果排在首位的答案就是“微笑”,恰恰印证了“微笑的女孩最美”这一观点。懂得微笑的女孩,必然会给人真诚、温柔、善意的印象,让人如沐春风、身心舒畅。有些时候看似棘手的矛盾,解决之道也许只是淡淡的微笑。

飞机上,一位乘客请空姐给她倒杯水吃药,当时飞机正要起飞,于是空姐说:“先生,为了您的安全起见,请稍等片刻,等飞机进入平稳飞行状态之后,我再帮您把水送来可以吗?”乘客同意了。

可是直到乘客服务铃急促地响起的时候,空姐才发现她忘记给那位乘客倒水了,此时距飞机进入平稳飞行状态之后,已经有 15 分钟了,按响服务铃的正是那位乘客。

空姐小心翼翼地把水杯端到那位乘客的面前,微笑着说道:“先生,实在对不起,由于我的疏忽,延误了您吃药的时间,真的很抱歉。”说完空姐还鞠了个躬。可是乘客完全不买账,生气地说:“有你这样服务的吗? 你看看现在都什么时候了?”无论空姐怎么道歉,乘客的怒气始终没有消解的样子。

于是在接下来的飞行时间里,空姐每次去客舱服务的时候,都会走到那个乘客面前,面带微笑地问他是否有什么需要,可乘客始终对空姐不理不睬。

飞机降落之前,乘客让空姐把留言本拿过去,空姐虽然知道要被投诉了,但在递出留言本的时候仍微笑着礼貌地说:“先生,请允许我再次为之前的疏忽表示道歉,您的意见和建议我都会虚心接受的。”乘客没有说话,只是低头在留言本上写了起来。

然而,空姐后来翻开留言本看到的却是这样的一句话:“在整个过程中,你表现出的歉意,特别是你十二次真诚的微笑,深深地打动了我,最终让我决定将投诉信改为表扬信!”

空姐用发自内心的诚意微笑化解了乘客的怒气,并得到了谅解和赞扬。可见,微笑具有非凡的力量,有助于缓解负面情绪,增进人与人之间的交往。

心理学研究表明,当一个人面对微笑的表情时,会本能地产生回以微笑的情绪和神经反应。微笑能引发健康的情绪,传递真诚,减少戒备和紧张感,有利于拉近人与人之间的距离。一个懂得微笑对人的女孩,如春日暖阳,温柔、和煦,给人可信任的感觉。

世界名模辛迪·克劳馥曾说过这样一句话:“女孩出门若忘记了化妆,最好的补救方法便是亮出你的微笑。”微笑是一种无声的语言,真诚的微笑是沟通心灵的纽带和桥梁,是人际交往中最好的润滑剂;微笑能拉近人与人之间的距离,解除心理警戒,消除误会和隔膜;微笑具有以柔克刚、以静制动、融洽气氛的力量。正如拿破仑·希尔所说:“真诚的微笑,其效用如同神奇的按钮,能立即接通他人友善的感情,因为它在告诉对方:我喜欢你,我愿意做你的朋友。同时也在说:我认为你也会喜欢我的。”

小杨是某房地产公司的女销售员,业绩始终名列前茅。当别人问她怎么做到时,她说秘诀很简单:在面对每个顾客时,她都报以真诚的微笑——这一点是她每天在家对着镜子练习的结果,无论顾客提什么意见,她都绝对不骄不躁,一定微笑着耐心解答;此外,在与顾客通电话时,她也都始终保持微笑,因为她相信情绪是可以通过声音传播的,只有毫不做作的真诚才最能打动人心。

微笑的女孩让人不忍拒绝,其意见和建议也更容易被接受,而且会有效消减对方的不快和排斥心理。

有句西方谚语说:“只用微笑说话的人,才能担当重任。”懂得微笑的女孩,对束缚和压力有更强的适应能力,因为她的微笑松懈了紧张的绳索,融化了挫折的坚冰,让事情变得不再困难重重、束手无策。能够微笑面对人生的女孩是坚强而慈爱的,她们用温柔和理解包容一切,给他人的心灵带来阳光和感动,恰如灰暗世界中最妩媚的一抹红,有着动人心弦的美。

施皮特勒认为:“微笑是具有多重意义的语言。”那么,怎么做才能掌握这门有着神奇魔力的语言呢?

1.寻找微笑的理由

罗丹说,“生活中不是缺少美,而是缺少发现”:公车上有乘客给孕妇让座;收到许久未见的朋友的生日祝福;楼道的声控灯终于在脚步声中又亮了起来……关注生活中的细节,会让你变得快乐起来,让微笑变得不再困难。

2.微笑是会传染的

既然微笑很容易,那就不要吝啬把它带给身边的人。微笑着麻烦服务员快点上餐,让对方更积极地为你服务;拒绝他人时,微笑能有效消减拒绝引起的不快;在签收快递之后,也别忘了笑着对送货人员说声“谢谢”,这是对对方工作的鼓励;对紧张的朋友投以信任的微笑,告诉他:“你行的!”当微笑能带来积极的效应的时候,千万别吝啬你的笑容。

3.在最缺少笑容的时候,恰是应该笑得最多的时候

心理学家说,当一个人有微笑表情的时候,哪怕他不是真的开心,也会有积极的情绪反应产生。所以,拿出你的镜子,对里面的自己尽可能地翘起嘴角吧,相信这时的你是最美的!

4.要掌握适时、适度原则

虽然微笑是人际交往的通行证,但也不能不加节制、无所顾忌地笑,例如在比较安静、肃穆的场合,笑容就很不适当;在别人郁闷或尴尬的时候,笑容会引起对方的反感;安慰痛苦的人时也不适合笑,否则对方会怀疑你的诚意。有笑容固然是好的,可也要把握住度,特别是在公众场合,女性就很忌讳手舞足蹈、哈哈大笑、前仰后合等状况,这会显得粗俗、没有修养,是很失礼的行为。

除了一些忌讳笑容的特殊场合,人际交往的大多时候是需要微笑的。微笑对女孩尤其重要,它是赋予美丽和魅力的良方,是博得好感的最佳装备。

微笑只要是发自内心的,就是美的。微笑也许只是一瞬间的事,可它引发的积极效应却是持续的。因此,似水如花的女孩们,多多微笑吧,让每个看到你微笑的人,都有如路遇花开般的愉悦惬意。

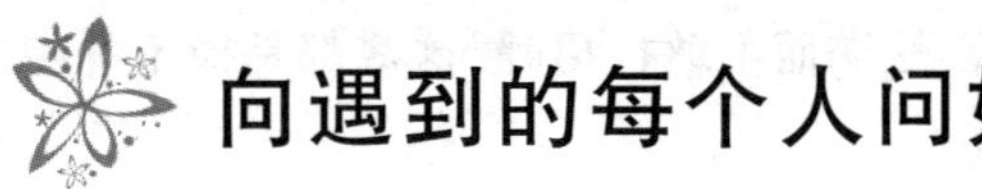

向遇到的每个人问好

看到熟人不打招呼,或者别人跟你打招呼时你假装没听见,或者对地位比自己高的人因怯懦而不敢打招呼,这些都是极不礼貌的行为,而且可能会让你"因小失大"。

打招呼也称问候,是人们见面时最直接、最简便的礼节,是人际交往中表示友好的一种方式,体现着一个人的礼貌和修养。打招呼看似是件平常的小事,然而却有着重要的作用。

小易是一家贸易公司行政部门的实习员工,工作一直很认真,同事和经理对她印象也不错,实习期满后签成正式员工应该不是问题,然而这一切都被一个"小插曲"打断了。

一天,小易在电梯里遇到下来视察的公司董事长及其助理,当时电梯那个狭小的空间里只有他们三人。小易很紧张,她在考虑要不要跟董事长打招呼。打吧,董事长又不认识她,她也只在员工大会上见过一次董事长,她觉得很尴尬,更重要的是她心里犯怵;不打吧,人家毕竟是领导,她一个小员工,这样显得很不礼貌。一番思想斗争之后,小易终于决定硬着头皮说"您好"了,可是只听"叮"的一声,电梯门开了,董事长已经走了出去。

看到董事长出去的背影,小易既有些后悔,又有松了一口气的感觉。然而,接下来发生的事却让她欲哭无泪,悔的肠子都青了。小易在实习期的最后一天接到通知,公司觉得她不适合行政的工作,因此建议她往别的方向发展。意思就是:我们公司不需要你,你可以走了。

小易实在无法相信公司的说法,她不明白自己做错了什么。这时跟她关系不错的经理助理提醒道:"你是不是得罪了董事长助理?"小易这才恍然大悟,她哪是得罪助理啊,分明是得罪了董事长,只因为她"不会打招呼"。

你是否也遇到过跟小易类似的情况呢?遇见不熟的人时,尴尬、不自在的纠结于是否要主动说"你好",然后一不小心就错过了机会,下次再碰面的时候,对方的神情也成了一副不认识你的样子。打招呼是一瞬间的事,其影响却是久远的。看到熟人不打招呼，或者别人打招呼你假装没听见，或者对地位比自己高的人因怯懦而不敢打招呼，这些都是极不礼貌的行为，而且可能会让你“因小失大”。

打招呼是联络感情、增进友谊的方式和纽带，不容轻视和小觑。要学会打招呼，首先要对打招呼有正确的认识。并非不熟悉、不认识，或者你认为无关紧要的人就不用打招呼了，也不要抱着“他不跟我打招呼，我凭什么要主动”的心态。打招呼是一个人表现主动的方式，是积极、热情的象征。一个主动打招呼的人，必定会先获得交际的主动权，能给接下来的交流提供一个良好的开端。无论是亲人、朋友、同事，甚至是只碰过几次面的邻居，都应该热情地说“你好”。遇见上级时也不要忐忑，打招呼是引起对方注意和体现个人修养的方式，没什么“不好意思”的。

既然这样，那打招呼有哪些基本要求呢？

1.招呼用语

常见的用语有很多，例如：“吃饭了没？”“干什么去？”“在哪高就？”等，这些比较旧的招呼用语依然会在我们的生活中出现。而在现代社会，最常用和最具通用性的则是“你好”，言语简明，节奏轻快，再伴以微笑、点头等动作，自然而礼貌。同时根据碰面时间也可相应改变，如“早上好”或者“早安”“下午好”“晚上好”等，都表明了亲切友好的关心和祝福之意。

2.打招呼时的身体语言

常见的身体语言有：握手、拥抱、点头、招手等。人类的身体语言是十分广泛的，其使用要视具体情况而定。例如，在行走过程中与人打招呼时，要放慢或停下脚步；在行车的时候，要下车或慢行；在一些特定场合，如离得太远，或者对关系比较一般的人，点头微笑致意就可以了。这里要注意：无论是哪一种身体语言，或是口头用语，都不要忘了看着对方的眼睛，并且奉上你的笑容，让招呼显得真诚而善意。

3.招呼规则

对认识的人不打招呼或不应答向你打招呼的人，都是十分失礼的行为；不要因为对方没有回应就在下一次收回你的招呼之词，因为见人打招呼是你个人礼貌和教养的表现，你首先做好了自己的事，回不回应那是对方自身的问题。而且对于一个始终表示友好的人，相信对方不可能一直视而不见；与人打招呼时，切忌匆匆忙忙、太过随便，也不可手插口袋，有失尊重之意；女性在任何场合下，都不要忘了主动微笑示意，以示亲和；与西方人打招呼，要避免使用中国式问句，否则容易造成误会。例如“吃了吗?”会让对方以为你要请客，而“上哪去?”“干吗去?”则有探测隐私的嫌疑。

4.因对象而不同

打招呼的方式、语言都要根据场合和对象而定，对亲切熟悉的朋友，可以用轻松、随意的方式，表示亲密、愉快即可；遇见邻居可通过生活化的语言打招呼，如“吃了吗?”“你气色看上去很好啊”，诸如此类，可视情况而定；遇见同事可道“你好”“你早”或微笑示意等；在工作和社交场合使用招呼语言和方式要显得较正式，切忌自来熟和太过随便，尤其在对领导和上司时，更要注意，如在走廊遇见上司，要面带微笑、点头示意，态度要礼貌周到；在电梯遇见时，倘若人少，则要站好后，主动大方地进行简单的问候，不宜闪躲和装作没看见，倘若是在拥挤的电梯里，如果没人说话，那最好也不要开口了。

在生活和社会交往中，打招呼是拉开人际关系之网的第一步，它是展现良好精神面貌、缩短与他人距离的绝佳途径，是不可忽视的交往细节。

一站一坐间流露女孩的文雅

一个优雅、从容的女孩，必是站、坐有态，落落大方的。站立之态具有“静若处子”之美，落座之举也是优美自如、端庄秀雅的。

佛家说：“万象皆由心生，心有所想，身有所动。”当今社会，大家都知道通过观察面部表情来了解对方的心理，但却很少注意到“肢体动作”的作用，在很多时候，肢体动作会在不经意间表露出一个人的心理。不同的肢体语言有着不同的含义，甚至有的时候，也许你并没有意识到，你却已经向别人传递出了错误的信息。设想一下，在你的男朋友向你深情表白时，你只是低着头若无其事地翻着报纸说“嗯，我也很爱你”，这样的肢体语言很可能会让你们最终分道扬镳。因此,一个有魅力的女孩与他人的交流时,也应该保持优美的肢体语言。

在社交场上,一个真正有修养的女孩,肢体语言会做到灵巧均衡。无论是坐、立、行、走,都力求轻盈、自然,仪态端庄大方,让人感到安定、平和、舒适、愉快,举手投足间,都会透露出自己高贵与优雅的气质。

科技高度发展的今天,美容和整容技术日新月异,女孩要变漂亮已非难事,可光有外表就够了吗?你会认为一个坐姿粗俗、驼背弯腰的女孩是有魅力的吗?哪怕她的脸美若天仙,可她有失雅致的形体语言也会令其失了水准,让人遗憾她的"徒有其表"。

一个优雅、从容的女孩,必是站、坐有态,落落大方的。站立之态具有"静若处子"之美,落座之举也是优美自如、端庄秀雅的。这样的女孩,即使无言,也能令人心生好感。那么,怎样才能展现一个女孩的站、坐之间相对的静态美呢?

1.站姿

良好的站姿不仅要保持优雅的体态,更需要随时保持身体的挺直。良好的站姿,可以让身体各个关节的受力比较平均,让某些特定的关节承担大部分的重量。而且当你抬头挺胸时,胸口会变得开阔,呼吸也会更顺畅,身体能够得到足够的氧气,精神、注意力都会比较容易集中。所以,好的体态,不只是为了美观而已,对于健康也非常重要。

站立时,应双目平视,身体与地面垂直,重心放在两前脚掌上,上半身保持笔直、挺胸收腹、下巴内收、双肩水平,两臂自然下垂或在体前交叉。下半身自然挺拔,脚跟并拢,脚尖张开约45°或成小"丁"字形,无论从哪个方向看,都具有美感。站着与人谈话时,一定要面向对方,并且保持一定距离,通常社交场合的安全距离是1.2m以上,太近或太远都不礼貌。而且还要带上淡然的微笑,更添庄重和亲切。

站立是人体最基本、最重要的姿态,是人的重要身体语言之一。站姿不雅十分有损交际形象,例如,双手交叉抱在胸前会让人觉得傲慢,不可亲近;倚门靠墙、靠柱,会显得慵懒、散漫;撅臀屈腿、双手叉腰,是无理的表现;双腿交叉更是轻浮之举等。要避免给人拘谨和缺乏自信之感,还要注意不要做诸如摆弄衣角、眼神飘移、低眉俯首的小动作。

此外，不良的站姿不但对个人形象有损，还会威胁到我们的健康。它会压迫内脏，影响胃部机能，引起消化不良，也会造成驼背、小腹肿胀等现象。

2.落座

优美的坐姿具有端庄、稳重、得体、大方的美感，传递着友好、自信、亲切的信息。生活中，我们时常会看到双腿大开、伸得很长、跷二郎腿、抖腿等不雅坐姿，通常，这样的坐姿会给人轻浮、缺乏修养的印象，尤其是女性，会令美丽大打折扣。

正确的坐姿应该是腰背挺直、双肩放松、胸部挺起，坐满椅子 2/3 的位置，双膝并拢，双手放在膝盖或椅子扶手上。身后有倚靠时，背部轻挨椅背，但不要完全放松呈后仰之态，否则会显得懒散。在身后无倚靠时，上身笔直而稍前倾，双手自然放在腿上，双脚自然着地。如在与人谈话时，则可将上身和腿稍微转向一侧，仍要上身挺直、双膝靠拢、脚跟紧靠。

在正式社交场合，应在站立时，保证后腿能碰到椅子，轻柔和缓地坐下，然后把左右脚并齐，保持上身端正，上身和大腿之间、大腿和小腿之间，均是 90°。就座后，不要再有其他不雅小动作，要呈“正襟危坐”之态。特别是对穿裙子的女性，双腿并拢尤为重要，如果裙长在膝盖以上，则注意要将手放在两腿中间的位置，压住裙子，防止走光。对于女性而言，无论是膝盖分开的“外八字”，还是膝盖并拢的“内八字”，都是不雅的坐姿。

如想双腿交叠而坐，两腿仍需是并拢的，可侧向一边或使悬空的脚尖朝向地面，切忌脚尖朝上或上下抖动。

有些入座礼仪也要注意：

(1)与客人一起入座时，要分清主次尊卑，请对方先入座。

(2)在他人面前就座时，要侧身走进坐椅，右腿稍后退，以小腿确定坐椅的位子，然后面对对方顺势坐下。

(3)如果去参加排定座位的会议，要让迎宾人员将自己引导到座位上去，不要随便找凳子坐下，或者在座位间走来走去。

(4)入座时一定要从坐椅的左侧靠近，动作协调地自然坐下，尤其在公众场合，左侧落座是一种基本礼貌。

(5)落座后要主动与周围的人打招呼,即使不认识的人,也要点头致意。

(6)在公众场合,如果要坐在别人旁边,要先询问,得到允许后才可以坐下。

3.离座

落座时要优雅柔和、从容自若,离座时也不能掉以轻心、大大咧咧,破坏了前后举止间的和谐和美感。

(1)离座时要起身缓慢、动作轻缓,切忌动作过大,弄响桌椅,影响他人又造成尴尬。

(2)若旁边有人,一定要先用语言或动作向对方示意后,再缓缓站起。

(3)既然"左进"是门,那也要遵循"左出"原则。

(4)要注意起身的先后顺序,地位高于对方时可先离座,地位低于对方时,要等对方起立后方可站起,地位对等时,则没有这些顾忌,同时离座即可。

随着社会文明的高度发展以及人与人之间交往的日益频繁,礼仪已经成为人们在社交生活中的第二张脸,尤其对女性而言,即使外貌不是那么出众,只要她举止文雅得体、自然坦荡,同样也能成为博得他人好感的魅力女性。

每一步都要走出女孩的优雅

没有人会对一个缩肩耷背、看上去萎靡不振的人心存交往的热情。

行走是人们生活中每天都要进行的主要活动。一个人的精神面貌、气质韵味,在行走中都有重要体现。尤其是对于女性,就算没有出众的外表,倘若能在行走时彰显优雅韵致、自信风度,也必定能引起他人的注意,博得对方的好感。

正确的走姿是具有动态美的。古人用"行如风"来形容走路时自然轻快的样子,因此要走得好看,就要走得正确,既要优雅,又要有节奏感。人的正

确走姿应该是：身体直立，目光平视前方，挺胸收腹，双肩放松持平，双臂在身体两侧自然前后摆动，脚尖向前，重心放在脚尖上，同时双腿有节奏地交替向前迈进，走出一条大致等宽的直线来。

这里需要强调：走路过程中的摆臂动作很重要。手臂的摆动会带动整个上身的动作，使脚步平稳。当一侧的脚迈出时，上身会随着另一侧手臂的摆动而自然向前。整个过程看起来自然流畅，优雅大方。而现实中，有些人走路"臀动身不动"，导致上半身看起来太过僵硬，下半身则太过虚浮无力。

1.不雅的走姿及其影响

女孩要拥有轻盈优雅的步伐，就要避免一些不雅走姿，例如，走路时重心不稳、前俯后仰、左摇右摆、弯腰驼背、内八字或外八字等。此外，一些小细节也会破坏走姿的整体美感，如背手、环胸、插兜、鞋子拖地等。

要展现从容不迫、矫健轻快的女性气质美，还要求走路时的节奏要快慢适当，步伐适中，否则就会破坏全身摆动的协调和节奏感。节奏太快会显得个性急躁，太慢则会给人颓然、消极的感觉；而对于步伐，太小会显得扭捏、不大方，太大则缺乏女性的含蓄美，因此，最好是一只脚或一只半脚长的距离。此外，走路时，膝盖和脚踝要富有弹性，肩部轻松、自然摆动，体现出飘逸、轻便的阴柔之美。而错误的走姿，不但会使美感丧失，还会导致各种腿部问题：

（1）外八字走路会使膝盖向外，不但缺乏女性美，时间久了，甚至会形成"X"型腿，而内八字则会导致"O"型腿。

（2）踢着走路的人，身体会前倾，腰部很少用力，走路时只有脚尖踢到地面，然后膝盖弯曲，脚跟上提，极不美观。

（3）踮脚尖走路，由于脚尖过于用力，而牵动膝盖太用力于腿肚上，最后会导致腿肚肌肉过大，形成萝卜腿。

（4）压脚走路的人，双脚着地时间较长，累积下来，他们会把身体重量长时间压在脚尖上，时间久了，会使小腿肚的肌肉日益发达，最后形成萝卜腿。

2.行走时应注意的问题

要避免不佳的腿形同时拥有优美典雅的行走之态，在保持正确走姿的同时，还要注意以下问题：

(1)优雅的走姿应该是双臂前后自然摆动,手臂与身体的夹角一般在10°~15°,既美观又不失活泼,切忌做左右摇摆。

(2)步态要随服装的不同而改变。穿礼服、窄裙或旗袍时,要保持收腹挺胸,小步幅行走。倘若裙子过长,为避免踩到裙摆,可用一只手轻轻提起,快步走,以身体稍微前倾为佳。若穿裤装,步伐则可以放大些,这样显得矫捷生动,但最大也不可超过脚长的1.6倍。

(3)穿不同的鞋子走姿也是不一样的。穿平底鞋时,是脚跟先着地,脚掌紧跟着落地,而穿高跟鞋,若同样以脚跟先着地,便会使脚尖跷起,让人看到鞋底,这是很不雅的。因此,穿高跟鞋的正确走路姿势是:稍微扳平脚底,使脚跟向上微抬,让脚尖先着地,并且缩小步幅,要走出如芭蕾舞者般轻盈、优雅的感觉。

(4)平底鞋走路虽然是脚跟先着地,但要让重心随着移动的脚过渡到前面去,不要让重心停留在脚后跟。

(5)走路时肩膀放松、自然下垂,而且是向左右下垂,而非向前,尤其是当我们紧张的时候,更要注意克服不自觉耸肩的毛病。

(6)优雅的走姿要求昂首挺胸、收腹夹臀,而在把头向上伸的时候,千万不要翘起下巴仰起脸,要保持视线水平向前;在挺胸的时候,要从腰部开始,连同脊梁骨到颈骨,尽量向上伸,这样将有利于形成平坦的小腹。

(7)上阶梯时,吸气走一阶,吐气走一阶,可使呼吸和步律一致,上行也会比较轻松;下阶梯时,要注意看着脚走,使脚尖先落,款款而下,雅致又动人;倘若是走泥泞道路,要避免溅泥点带来的狼狈,可放小步幅,用脚尖施力,慢慢行走。

优雅的走姿是女性内部修养和韵味的体现,同时也展现了她们自信、雅致、端庄的风采,以及神采奕奕的精神状态。没有人会对一个缩肩耷背、看上去萎靡不振的人心存交往的热情,人们对于积极美好的事物都有本能的倾向性。因此,从现在开始做个步伐优雅的女孩吧,这无声的动态之美就是获得他人好感的最佳介绍信!

别在午餐中破坏自己的形象

在下午的三四点钟，此时易出现精神疲乏状态，吃点低热量小零食能及时补充能量、振奋精神，有利于更好地完成工作。

现代工作节奏很快，作为职场女性，不免有在外就餐的情况，工作午餐不但是日常三餐中的重要一餐，也是与同事沟通、交流感情，塑造良好形象的好机会。

1.进餐礼仪

(1)闭嘴咀嚼，细嚼慢咽。这样不仅有利于消化，也能避免大口进食给人粗鲁、缺乏修养的印象。在咀嚼食物时，要避免跟人讲话，可在对方吞下口中食物之后再与其讲话。无论是对自己还是他人，口含食物交谈都是极不雅和不礼貌的。

(2)好的吃相是食物进口，而非口进食物。小口进食，不要大口地塞。大口吞咽不但吃相难看，未经充分咀嚼的食物进入胃部后，还会加重消化系统的负担，长期下去，将引起胃部疾病，也会形成女性最讨厌的小肚子。食物带汁时，不要匆忙入口，防止把汤汁弄得到处都是。

(3)吃喝的时候别出声，尤其咀嚼饭菜不要发出“吧唧吧唧”的声音，更不要在别人面前打嗝、打喷嚏，如不幸没忍住，要对对方说“不好意思”或“对不起”之类的话，用礼貌化解尴尬。

(4)紧盯他人吃相是极不礼貌的行为，会让对方感到别扭和不自在，要尽量避免。

(5)旁边备好餐巾纸，要有意识地随时清理嘴巴和手指上的油渍，不要舔嘴唇和手指。女性用餐前最好先擦掉口红，以免在杯子或餐具上留下唇印，给人不洁的感觉，尤其是与男士共餐时，这一点更要注意。

(6)用餐时的玩笑要有所节制，以免使食物喷出或呛入气管，切忌说到亢奋时不自觉地挥舞筷子、勺子或刀叉。

(7)不要在用餐时吐东西，以防影响他人食欲。倘若太烫或太辣，可赶快喝水调试或到洗手间处理。

(8)切忌用手指掏牙,假如牙缝中塞了东西,可先试试喝水是否有用,若还是不行,可去洗手间处理。

以上是通常情况下都应该遵循的用餐礼仪,无论是外出就餐还是办公室用餐,皆要表现得落落大方、从容自然、不急不躁。

2.办公室用餐细节

(1)只在用餐时间进餐。延误进餐不但对健康不利,还会因同事用餐时你工作、同事工作时你进餐,而显得与大家格格不入,时间久了必然会与大家心生隔膜。

(2)不要把气味强烈的食物带进办公室。“甲之蜜糖,乙之毒药”,你自己很喜欢的强烈气味,也许会引起他人的不适,弥漫着食物气味的办公环境也会让同事有不舒服的感觉,而且有损公司形象。倘若不慎食用了这类食物,可在用餐完毕后,开窗通风或喷点空气清新剂,防止气味经久不散。

(3)要避免汁水太多的食物,乱溅的汁水不但会造成清洁上的麻烦,也很可能因不慎殃及他人。

(4)在办公室用餐,要避免时间过长,否则当工作再次开始时你还在吃饭,有耽误工作和影响他人之嫌,同时要尽量避免在他人用餐时用工作打扰对方,一切事情等用餐完毕再说。

(5)避免将已开口的饮料瓶长时间摆放在办公桌面上,即使没喝完、不想扔掉,也要放在别人看不见的位置,以防有碍观瞻。

(6)及时清理餐具。用完的一次性餐具要立刻扔掉,不要长时间放置在桌面上,不但不雅观,还会使食物气味外溢,影响办公环境;若是非一次性餐具,则要及时清洗。倘若自己耽搁了,也要礼貌地请同事代劳,事后一定不要忘了跟对方说谢谢。

(7)不要忘记地面和桌面。即使清理掉了垃圾和食物残渣,也要记得把桌子再擦一遍,把地面清扫一下。说不定,在你忽略了的角落里的“漏网之鱼”,就这样被你抓住了。因此,形成饭后清扫的习惯,是十分必要的。

(8)如与他人采用AA制合餐,要避免“吃着碗里看着锅里的”的形象出现,切忌一直给自己碗里夹菜或吃得太快,给人留下“怕吃不够本”“怕吃亏”

的感觉。

3.特别提醒

许多女性都有吃小零食的习惯，特别是在下午的三四点钟，此时易出现精神疲乏状态，吃点小零食能及时补充能量、振奋精神，有利于更好地完成工作。营养学家推荐低糖、低脂肪、低卡路里的零食，如酸奶、牛奶、绿茶、即食坚果、海苔、牛肉干、黑巧克力等。要避免食用薯片、爆米花、瓜子、花生等咀嚼时会发出声音或需要剥壳的零食。

肢体语言可以提升你的魅力

能正确使用肢体语言的人被认为是文明的、有涵养的，而肢体语言使用错误，则会给人无礼、粗俗的感觉，甚至会冒犯对方。

研究表明，人与人之间的沟通方式有三种：语言、声音和肢体语言。其中语言表达占7%，声音占38%，而肢体语言在三种方式中所占比例最大，为55%。肢体语言又叫身体语言，是由人的四肢运动引起的，包括目光与面部表情、身体运动和姿势、身体间的空间距离等。肢体语言在沟通中具有举足轻重的作用，可以传递许多信息，用幽默戏剧大师萨米·莫尔修的话来说，就是："身体是灵魂的手套，肢体语言是心灵的话语。"

每个人每天都会做成千上万个肢体动作，其中不乏与人交流的肢体动作，如拥抱、握手、鞠躬等。能正确使用肢体语言的人被认为是文明的、有涵养的，而肢体语言使用错误，则给人无礼、粗俗的感觉，甚至会冒犯对方。因此，对注重形体和举止的女性来说，掌握正确的肢体语言是十分重要的，它能使自己与他人的交流更加顺畅，甚至会达到事半功倍的效果。

对于常见的目光、坐姿、站姿、行姿等肢体语言，前文中已经讲到，这里不再赘述，而主要对肢体语言的其他部分进行说明。

1.面部

面部表情中，除了被称为"心灵之窗"的眼睛外，其他部位的语言功能也

不能忽视。

(1)眉毛。眉毛能表达丰富的情感,如眉毛舒展是愉快的表现;紧锁眉头表示疑惑、询问或烦恼;眉毛竖起表明正在生气;惊讶时眉尖会向上耸起等。

(2)嘴巴。生动多变的感情也会通过嘴巴表现出来。如嘟嘴是不开心或不满的表现;撇嘴的动作有轻蔑的意思;太过惊讶时,嘴巴可能会张成“O”型。因此,在社交活动中,谈话时要尽量少嘟嘴和撇嘴,以防流露出不屑的意味。当然,最佳的表情自然是嘴角上扬的微笑。

特别提醒:虽然微笑是向他人表示友好和礼貌的直接表情,可也千万别忽略了眉毛和嘴巴的作用,因为一个不经意的小动作就可能让你的真实情绪泄露出来。虽然加强表情管理可以让我们避免掉入这些表情陷阱,可最好的做法还是多多激发正面情绪,让对方感受到你发自内心的真诚和愉悦。

2.头部

我们都有这样的经验:当我们在与人讲话时,倘若对方低着头,或左顾右盼,或摇头晃脑,我们就会怀疑对方是否真的对当下的话题感兴趣。因此,与人交流时切忌低头,因为这不但会让对方以为你对谈话感到厌倦,还可能会让对方误以为你很不愉快。而当头部中立时,是对对方谈论的事既不甚喜欢,也不讨厌。

假如想让对方知道你对这个话题很感兴趣,不妨微微歪着头与其说话,会令对方谈兴更浓。当然,这一动作在与异性相处时要慎用,因为它也是有好感的表示。

3.握手

握手是人们在见面或道别时常用的肢体语言,它是一种礼貌性动作。对象不同,握手的方式也不同。

(1)与同性握手。若是同龄人或晚辈,只要伸出右手,与对方紧紧一握即可;若是长辈,则要与其双手相握,表示对对方的尊重和热情。

(2)与异性握手。与男士握手时,女性只要大方伸出右手,让对方轻轻握住四个手指即可,千万不要有扭捏、无措、面红耳赤的表现。

4.手势

手势是谈话过程中必不可少的辅助性动作,恰当的手势有助于我们的

表达，如鼓掌表示赞扬，挥手表示再见，连连摆手表示拒绝。假如手势使用不恰当，则有可能造成对方的误解和反感，如讲话时挥舞拳头或用食指指着对方等，都是十分不雅和无礼的行为。

在学会了正确使用手势后，女性还要谨防一些手部小动作破坏自身的优雅、得体，比如挠头皮、抠手指、捂嘴巴等。有些女性说话到激动处会有拍人的习惯，虽然没有恶意，却是粗鲁、无礼的行为，也易引起对方的不快。

5.其他常用动作

人际交往中常用的肢体动作还有轻抚、鞠躬、点头等。

(1)轻抚是一种表示关心和安慰的方式，通常是长辈对晚辈的行为，一般是轻拍对方的肩膀或手臂。

(2)鞠躬是对别人表示恭敬的一种礼节。在一般社交场合，晚辈对长辈、下级对上级等都可行鞠躬礼，女性行鞠躬礼时，双手下垂搭放在腹前，上身前倾弯腰，弯腰的幅度可根据施礼对象和场合而定，一般为60°。一个能将鞠躬礼使用得当的女性，会以她的礼貌和教养赢得他人的尊重。尤其对从事金融、销售、服务等行业的女性来说，面带微笑的鞠躬是表明对顾客的尊重和诚意的第一步。

(3)点头是表示问候的常用方式，其使用场合和场景都十分广泛。如在公司与同事打招呼时，可微笑点头；在正式场合遇见认识的人，若不方便打招呼，点头示意也是不错的方式。

在品味咖啡与茶中展现高雅

懂得品味咖啡和茶之美妙的女孩是高雅的，而与之相应的礼仪也成了人们判定一个女孩是否真的有修养的重要标准之一。

我们时常看到有人拿咖啡和茶来形容女孩。女孩如咖啡，甜中带苦，既有 espresso 令人回味无穷的浓郁韵味，又有 cappuccino 细腻丰富令人欢愉的激情；女孩似茶，苦中藏甘、淡雅低调。品女孩如同品茶，淡淡青涩茶味沁出丝丝甘甜,给人以寓意深远的感觉。

现代女孩,无论是偷得浮生半日闲之时,还是与人交际的正式场合,似乎都离不开咖啡和茶。懂得品味咖啡和茶之美妙的女孩是高雅的,而与之相应的礼仪也成了人们判定一个女孩是否真的有修养的重要标准之一。

1.如何喝咖啡

(1)盛放咖啡的杯碟都是特制的,它应当放在你的正面或右侧,杯耳应向右方。

(2)为了体会咖啡不同层次的口感,开始喝咖啡之前,建议先喝一口冰水,冰水能使味蕾品尝到的咖啡味更加鲜明。

(3)假如你要的是一杯黑咖啡,这时先别急着加糖、加奶,不妨先感受一下纯正的、未施粉黛的黑咖啡的味道。黑咖啡集合了咖啡香、醇、甘、酸、苦五味的特点,带来了品味咖啡的原始感受,它至纯却不平庸,兼具粗犷和深邃之美,耐人寻味。接着,用右手拇指和食指捏住咖啡杯的杯耳,将杯子端起,慢慢地移向嘴边,不要俯首去就咖啡杯,不要发出声音,小口轻啜,品尝咖啡在唇舌间漫溢的滋味。

(4)入口的第一口黑咖啡也许真的让你觉得苦了,那现在加点糖吧。方糖通常放在专门的器皿里,可用咖啡匙将它舀出,直接放入杯子里,也可先用糖夹子将方糖夹出,放在咖啡碟的近身一旁,再用咖啡匙把它舀出,放进杯子里。千万不要用手或糖夹子直接把方糖放入杯内,否则可能会使咖啡溅起,弄脏衣服和桌布,这是十分不雅和不礼貌的行为。

(5)方糖放进杯子后,耐心等待它慢慢融化,或用咖啡匙轻轻搅动几下,千万不要用咖啡匙来捣碎杯中的方糖。咖啡匙是用来搅拌咖啡的,饮用时应当把它取出来,放在碟子上。把咖啡匙留在杯子里或用咖啡匙舀着咖啡一匙一匙地喝,都是很失礼的。

(6)倘若你点的是 cappuccino 这类有奶泡的咖啡,虽然根据个人口味可以自行选择是否要将奶泡和咖啡搅在一起,但还是建议重视仪态和优雅的女性,喝前先轻轻地搅一搅,这样不但可以避免喝出“白胡子”,也会使口感更为圆润。

(7)喝咖啡要趁热,即使是在大热天饮热咖啡也要这样,因为咖啡中的单宁酸会在冷却的过程中起变化，从而使口感变酸，破坏了咖啡原有的风味。若咖啡太烫，则可用咖啡匙在杯中轻轻搅拌使之冷却或等待其自然冷却后再饮用。把咖啡吹凉的动作是十分不雅的，千万要避免。

(8)每次喝完咖啡，都要立即把杯子放回碟子中，切忌“杯碟分家”。即使是在添咖啡或加糖的时候，也不要把咖啡杯从咖啡碟中拿起来，只需拿着咖啡壶把咖啡缓缓倒入杯中即可。倘若是坐在远离桌子的沙发中，不便双手端着咖啡杯，可用左手将咖啡碟置于齐胸的位置，用右手端着咖啡杯饮用。

(9)在公众场所喝咖啡，举止要文明，特别是在咖啡屋这种重视氛围和格调的地方，交谈声音越轻越好，不可盯视他人，更不可高谈阔论或对别人指指点点。

特别提醒：咖啡不宜多饮，饮用普通咖啡应以80~100毫升为宜，有时若想多喝，不妨选择淡咖啡或加入大量牛奶，适当调整糖的比例也是可以的，但无论怎样喝，都要考虑自身身体需求，切不可造成恶心或腻的感觉。

2.如何敬茶

中国人习惯以茶待客，这不仅是对客人的尊重，也体现了自己的修养。最基本的敬茶之道，就是客人来了马上敬茶。选择茶叶要因人而异，如江浙人喜欢清新的绿茶，闽粤人偏好味道浓郁的乌龙茶、普洱茶，而北方人则对香味茶情有独钟。无论选择怎样的茶具，都要首先保证清洁，把留有残垢的茶具给客人使用是十分无礼的行为。

俗话说：酒满茶半。为人奉茶时不要太满，八分满为宜。水温不要太烫，以免客人不小心被烫伤。当有两位以上的客人来访时，端出的茶色要均匀。为客人上茶时，要一手捏住杯耳、一手轻托杯底，小心地放在客人的右方，并微笑示意。

虽然中国自古有茶文化，但在现代社会，如果不是特别的需要品茶的场合，喝茶的讲究就没那么多了。女性喝茶要小口轻抿，静静体会茶之甘味，切不可大口吞咽、发出声音。

特别提醒：

(1)沏茶的时候，若有小点心招待，应先将点心端出，再敬茶。点心应放

在客人的右前方，茶杯应摆在点心右边。

(2)无论是喝咖啡还是喝茶，在吃点心的时候，千万不要一手端茶或咖啡，一手拿点心，而应当在喝东西时放下点心，吃点心时放下茶或咖啡。

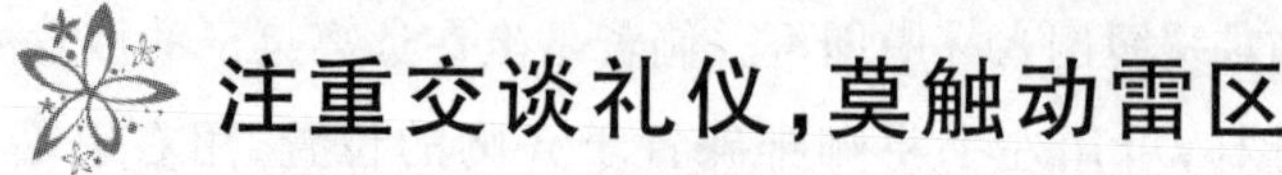

注重交谈礼仪，莫触动雷区

无论是你熟悉的人，还是你的同事、领导，闲话他人都会给人聒噪、大嘴巴、没修养的感觉，而且谁也不能保证自己说的话不会被当事人知道，不会造成对方的不快。所以，与人交谈时，切不可触动雷区。

谈话是人们日常生活和工作中增进了解、加深感情的重要方式。一个懂得谈话技巧和礼仪的女孩，并非一定要语惊四座，得宜的表达、合适的谈资、温润的气质，照样能让人如沐春风、好感顿生。

1.交谈的声音

无论是在工作还是生活中，女性在说话时都要注意控制自己的声音，不要高声说话，避免粗声大嗓，要使用普通话，做到细雨柔声、吐字清晰、亲切悦耳。女性说话要有温柔之美，但并非是要矫揉造作、嗲声嗲气，这样的女孩只会让对方觉得太假，进而心生反感。

2.交谈的姿态

(1)表情。目光注视对方是交谈的基本礼貌，注视并非凝视，不是死盯着对方不放，那只会让对方感到压力和不自在。通常，目光距离以1~2米为宜，范围在对方胸部以上、额头以下部位。有时不免会有与对方目光对视的情况，这时不必闪躲，自然地移开目光就好。此外，交谈中向对方示以微笑和点头，这表示你一直在关注谈话内容，并对对方的论点很感兴趣，也体现了对对方的尊重。

(2)体态。交谈中要始终保持身体姿态的端正，双手自然放置在大腿或坐椅的扶手上，切忌双肘支在桌面上，通常最大接触也不超过腕关节至肘关节的2/3。

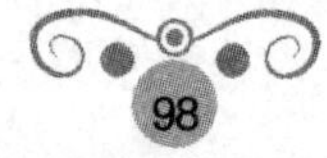

使用手势要适当。说明性的手势虽然可以强化语言，却不宜过多使用，更忌讳手舞足蹈、戳戳点点，要把范围控制在目光所及的范围内。

(3)距离。心理学家将人的交往分为四个区域：亲密区域、个人区域、社交区域、公共区域。通常在公开场合的交往、交际区域包括个人区域和社交区域，前者为45厘米~1米，适用于熟悉的朋友、同事之间；后者为1~3米，适用于与不熟悉的人之间，如初次见面的人、领导谈话等。适当的谈话距离，将给彼此带来舒适和安全感，给交谈创造良好的空间环境。

3.尊重对方

想在谈话中获得他人的好感，就必须让对方感受到你的尊重。

(1)不打断对方说话。任何人都有表达自己的权利，肆意打断别人说话，是没礼貌和缺乏教养的表现。

(2)不争论。“一千个人心中有一千个哈姆雷特”，你不能要求别人的看法总是和你的一致，不辩不争其实是在给彼此思考的空间和时间，也是避免摩擦和矛盾的有效方式。

(3)不质疑对方。质疑别人的谈话内容是对其的不信任和怀疑，有谁会愿意跟一个不相信自己的人交谈呢？

(4)不要试图补充。喜欢在他人谈话中加入自己看法的人，会给人爱表现、自以为是的印象，你的补充说明并不会令对方受益匪浅，反而会让他不自在、有压迫感，因为你的行为似乎是在暗示对方：“你错了！”“你懂得不够多！”

(5)不要或少使用外语和方言。要照顾他人的感受，使用过多别人听不懂的外语和方言，只会令对方觉得你是在卖弄或故意让他听不懂。

(6)不要冷落一人，也不要只对一人说话。当很多人在一起时，不要总与一个人交谈而冷落了其他人，即使有再多聊不完的话题，也不适合在集体聚会上建立你们单独的小天地；几个人凑在一起叽叽喳喳时，不要忽略最沉默的那个人，应主动让他发表看法或意见或寻找新的话题，让他加入到你们的谈话中间。

4.话题禁忌

要使谈话对彼此的交往产生积极的影响，就要注意其内容的选择。所以，与人交谈时，既要选对话题，也要避免触动雷区。

（1）在正式的社交场合，其谈话内容应该体现风度、涵养，要能使话题在融洽的气氛中进行，既不伤和气，又不会引起争论。

①不要谈论政治话题。每个人的政治观点不尽相同，坚持自己的政治观点，就如同不同球队的球迷捍卫自己支持的球队一样，一不小心就会产生相左的意见，激化矛盾。

②不非议、不议论他人。无论是你熟悉的人，还是你的同事、领导，闲话他人都会给人聒噪、大嘴巴、没修养的感觉，而且谁也不能保证自己说的话不会被当事人知道，不会造成对方的不快。

（2）职场办公室也不是个适合谈心的地方，一些话题应当避免。

①薪水状况。同工不同酬是现在很多公司惯用的方式，员工在工资上的比较可能会促发矛盾，给老板带来麻烦，而且假如你的工资比同事高出很多，你认为对方还能给你好脸色吗？因此，身为职场人，要避免与人交流薪水问题，即使有人愿意拿自己的信息与你交换，你也要尽量转移话题或者直接告诉他你不想谈这个。

②少谈论你的家庭。家庭生活中鸡毛蒜皮的事，即使你认为很有趣、很重要，可对别人而言是没什么意义的，没人会真的关心你早上吃了什么，你家孩子又跟人打架了，诸如此类的事。

（3）即使不是正式社交场合和职场，除了家人和亲近的朋友，对于不熟悉或比较矫情的人，有些话题也是有弊无利。

①私人性话题。包括恋爱、婚姻、个人经历、收入和年龄。你可以对对方的健康表示关心，却不要对自己的健康状况滔滔不绝，这会显得你太自我为中心，忽略他人。

②有争议的话题也不要谈。向对方提问是可以的，但不要轻易发表自己的看法，除非你与对方所见略同，否则宁可不谈，也不要贸然地展开争议性话题。

③不要做谣言的传播者。即使你知道所讲事情是真的，但只要涉及他人隐私，你依然会成为众人眼中的“大嘴巴”。

④不要谈论东西的价钱，也不要与人探讨个人品味。“萝卜青菜，各有

所爱”，你眼中的华服也许恰巧入不了对方的眼，反而让人认为你品位差、俗不可耐。

⑤不要老生常谈。有趣的话题如同美味佳肴，说多了，食者也索然无味了。喋喋不休的祥林嫂，只会让人唯恐避之不及。

总之，一个在交际中受欢迎的女孩必定是温文尔雅的，她们能小心地避过话题中的雷区，不会与人争辩，不会得理不让人，更不会语不惊人死不休。她们讲礼仪、识进退，懂得寻找共同的谈资或虚心诚恳地向对方提问，让对方占用交谈的大多数时间，而自己却微笑倾听，并且不时地给予反馈。她们是良好的倾听者和对谈者。

注意打电话时的礼仪

在工作和社交中，尤其对于女性，要想将自身温柔、有涵养、文雅的女性魅力在电话中体现出来，就必须懂得基本的电话礼仪，塑造良好的电话形象。

电话已经成为现代人最常用的通信工具，人际交往中的信息和情感交流，通过电话变得迅速而便捷。虽然通话的双方是见不到面的，但所有的信息却能通过声音、语气、词汇用语等传播给对方，让对方能够粗略判断出你的性格、人品、教养等。因此，千万不要因为对方看不到你的脸，说起话来就毫无顾忌。殊不知有时一个用词、一声语调，都能影响别人对你评价的好坏。

随着电话普及度的提高，人们几乎每天都要进行这种看不见的交流，所以电话礼仪也越来越引起人们的重视。在工作和社交中，尤其对于女性，要想将自身温柔、涵养、文雅的女性魅力在电话中体现出来，就必须懂得基本的电话礼仪，塑造良好的电话形象。

1.拨打电话

首先要选好时间。打电话时，如无紧急情况，应尽量避开对方休息和用

餐时间,一般白天应在8点以后,晚上则在21点以前,以免打扰对方休息。如预先知道对方有午睡习惯,还要避开中午的时间段,通话时间一般以3~5分钟为宜,为了少占用对方时间,要尽量提高通话效率。公事电话最好避免下班前的前10分钟,回复电话和处理业务的电话,最好在人们头脑最清楚、办事效率最高的上午打。节假日为私人的休息和休闲时间,应避免在这样的非工作日给对方打工作电话。

为避免谈话过程中出现解释不清、结结巴巴的状况,打电话之前应对谈话内容了然于心,同时身旁要备好记事簿,以防需要记录时因手忙脚乱而耽误对方时间。

拨打电话前应记准号码,以防打错。若不小心拨错,要立刻向对方道歉,不可随手挂机。拨通电话后,要先说:“你好!”然后迅速报出自己的单位或公司名称,以及自己的姓名,然后告诉对方你要找的是谁,你可以问“请问××先生在吗?”或者“麻烦能让××先生听电话吗?”等,在对方答应帮你找人之后要记得说谢谢。在等待的时间里,切忌转手做别的,因为对方随时可能给你答复。三心二意或让对方等待,都是十分不礼貌的行为。

若对方告诉你找的人不在,切不可直接挂断电话,应对对方说“谢谢,打扰了!”若请对方代为转达,可说“能不能麻烦您帮我转告他……”或者留下你的姓名和电话号码,让要找的人在某个时间打给你。挂断电话前要记得对对方再次说谢谢。如果要找的人接了电话,应先简短的礼貌问候,然后进入正式话题。

打电话时虽然通话双方是看不见的,但是你的风度和修养都会透过你的声音和语言传给对方。一个声音悦耳、音量适中的人,听起来是诚恳和热情的。因此,打电话时,应保持姿势端正、态度和蔼。大喊大叫会让对方感觉不适,更应避免。说话时要言语清晰,不装腔作势,也不嗲声嗲气。带上微笑的通话,能给对方带来亲切、愉快的感觉。

2.接听电话

最好在电话响起时就接,接起后首先报出自己的部门或单位名称。通常,接电话前不要让铃响超过两声,否则会显得怠慢,也容易引起对方不快。拿起听筒首先说“您好!”倘若迫不得已在铃声响了几次后才接起,要先说“对不起,让您久等了”,这既是对对方的礼貌和尊重,也表示你并非刻意为之。

打电话的一方一般会先主动自我介绍,如果没有介绍或你没有听清,应主动询问:“请问您是哪位?”或者“不好意思,您能再说一遍吗?刚才听得不太清楚。”根据职业和部门不同,有时接起电话时也可能需要先自我介绍“您好!这是××公司××部门”等,需要视情况而定。如果对方要找人,不要因为怕麻烦就说“不在”,然后不容分说地挂断电话,这样既不礼貌,也可能耽误正事。你应说:“请稍等!”假如对方找的人不在,要告诉他:“对不起,他不在,有什么需要我转告的吗?”为别人转达事情,最好要记下重要信息,如对方的姓名、单位、电话号码或谈话内容等。建议提前在电话旁备好纸笔,养成左手接电话、右手记录的习惯。

接电话前,如果正在吃东西,一定要尽快把东西吞下后再接,嘴里含着食物与人说话是很失礼的。接电话时,要把耳朵贴近话筒,并使嘴和话筒保持4厘米左右的距离,听对方说话要仔细。如果被人告知有电话找你,应立即放下手中的工作,不要让来电者久等或让他人代接。倘若是在开会或接待客人,要对对方说明情况,请他改在其他时间打来或者之后由你打给对方。

无论是打电话,还是接电话,都切忌与旁人谈笑,即使捂着听筒也不行,如果实在是有重要的事,要向对方道歉,请其稍等,或者过一会再打给对方。

一个真正有修养、懂礼貌的人,是会时刻注意自己的言行的。因此即使接到打错的电话,也不要毫不客气地说“错了”,然后挂断。要语气温和地告知对方:“你打错了,这里是××公司。”

3.挂断电话

一般来说,如果是上下级之间或长辈与晚辈之间,下级和晚辈要等对方挂断后方可挂断;如果是与同事或朋友之间通电话,要由打电话的一方先挂断;如果是与客户的电话,无论是否是打电话的一方,都要记得让客户先挂断。

如果是你先挂断电话,最好采用用手轻按切话器的方式或者轻轻挂上电话,以免回响太大令对方误以为你不耐烦或不愿与他多谈,或者等对方挂断电话后再挂断。挂断电话前要有明确的道别的结束语，例如“下次有机会再聊”或者“谢谢，再见”等。

参加宴会不要因细节丢脸

女士，是宴会上不可缺少的一道风景，而那些优雅、妩媚、气质出众的女士更是让人赏心悦目。

小米从小在国内接受的教育就是勤俭节约、艰苦朴素，她学习一直非常用功，从不追求穿衣打扮。她高中时到美国留学，大学毕业后在一家大型的连锁公司工作，圣诞前夕，该地区的几个分公司联合在一个五星级宾馆里开圣诞晚会，把总裁也请来了。

那天下午，公司里的女同事纷纷早退，她也没多想。瞄一眼请帖，看到衣着要求一栏写着“正式”(Formal)，她按照国内的思维习惯想，正式的衣服不就是西装吗？西装家里有两三套备着呢。

到了晚上，她穿着灰色的西服裤装、平底鞋，背着平时上班用的大皮包，顶着清水挂面头，连口红都没涂；她老公也好不到哪儿去，棕色西服里面套着毛衣，两人就这样来了。

一进门，她就懵了：富丽堂皇的大厅里，满眼里见到的就像电影里演的那样，男士黑西装、黑领结、白衬衫，女士个个是低胸露背晚礼服，浓妆艳抹、珠光宝气，端着酒杯，三五成群地聊天寒暄。

人们看到他们两人的时候，什么样的表情都有。她这时真是恨不能赶紧找个地缝钻进去。

她自己说用“丑小鸭”或“丑老鸭”不足以形容她的惨状，在那个场合，她简直就是个怪物！

目光所及，看到同事，对方只是轻轻地点个头就避开眼睛，生怕被别人看出来认识她似的。

她拉着老公拿了食物躲到角落里，只顾着低着头吃，那天的食物十分美味，就是吃了不知堵在哪儿了下不去。

当第一支舞曲响起时，她和老公偷偷溜了回来。

此后，她恶补美国穿衣打扮规则，学习化妆技巧，如今已是行家里手。

女士，是宴会上不可缺少的一道风景，而那些优雅、妩媚、气质出众的女孩更是让人赏心悦目。作为初涉职场的年轻女士，要想在宴会上展现自己动人的一面，必须懂得一些赴宴的礼仪，不然就会冒失地失去颜面。

1.服装

着装是宴会礼仪中最重要的一环，不同的宴会对服装有不同的要求，选择适合宴会主题的服装对女士来说至关重要。而通常女士对服装的要求更甚于男士，讲究也多。一般如果是公司同事参加的晚宴，首先考虑邀请函上是否有服装要求，如果没有，就要了解主人的衣着品味层次，千万不可随性而至，如若穿得太风光耀眼，可能会抢了主人的风头而遭人白眼。

女性的服装比男性要多姿多彩，也更能显示一个女孩的品味和审美观，但是有些规则是女性都必须遵守的。如正式的社交场合，着装宜庄重大方，不宜过于浮华；而参加晚会或喜庆场合，服饰则可明亮艳丽些。

参加一般的宴会，服装采用丝绒、真丝、雪纺、绸缎之类轻软又富有光泽的面料比较妥当，这些面料柔软有垂感，能够衬托出女性窈窕的身姿。而晚礼服一般要选用黑、白、红、蓝、黄等纯色，在展现女性优美的身段同时，给人端庄、高雅的感觉。

如果是参加婚礼、生日等喜宴，则要选择一些暖色调的衣服，造型不要太夸张，更不要穿大红色，以免犯了喧宾夺主的禁忌。枣红或者砖红是不错的选择，紫色、粉色等也会很漂亮。一般喜宴的女主人会穿着旗袍等中式服装，参加喜宴的女宾们要注意别和主人撞衫，否则会很尴尬。

女士在参加商务宴会时，着装一定要注意干净整洁。女士在着装的时候，需要严格区分女士的职业套装、晚礼服及休闲服，它们之间有本质的差别。着正式商务套装时，无领、无袖、太紧身或者领口开得太低的衣服应该尽量避免。衣服的款式要尽量合身。在商务宴会中还要注意，袜子的颜色要与肤色相仿，丝袜不能有破损，长度要高于裙子的下摆，皮鞋也尽量避免过高或过细，全身颜色最好控制在三种左右。

2.发型

女士的发型应该高雅、庄重、整齐,长发要扎好,或者用发夹夹好。如果做了造型,要使发型看起来整洁,并且与礼服搭配得当,不会让人有不舒服的感觉。女士选择发饰的时候,注意发饰要庄重大方又简单。

3.饰品

饰品的重要性对女士来说,仅次于衣服。例如,皮包的选择和搭配,在宴会过程中也是不容忽视的。除此之外,还有项链、耳坠、手链和手表的选择,都要与整体的颜色统一,而且没有必要所有的首饰全部戴上,只要衣服选择得当,搭配一两件出色的饰品就足矣。过多的饰品反而会让人觉得杂乱和繁冗。还需注意的是,无论参加何种宴会,都不要因为自己穿着裙子,就戴脚链,无论你的双足多么漂亮,也无须这种修饰,因为这是很不礼貌的行为。

4.化妆

彩妆是现在女士们的最爱,一般年轻的女孩子都喜欢化淡妆,给人清新自然的感觉。但是在参加宴会时,也要根据不同的情况来给自己上妆,有些场合气氛活络,就需要妆容突出一些,有些女孩总喜欢把妆化得和跟没化似的,这是不行的。有时候,高雅的妆容也是烘托宴会气氛的有效方式。如果是商务宴会等比较正式的场合,还是要以淡妆为主,不宜浓妆艳抹。

再者,戴眼镜的女孩们一定要注意,参加宴会最好佩戴隐形眼镜,这样不仅能够使眼睛变得明亮,也会给人清爽的感觉。

5.香水

香水是女孩必不可少的,香香的味道最能体现女性的甜美和品位。一般的晚宴以淡雅的味道为宜,商务宴会不要用味道较浓的香水。香水要喷洒在人体脉搏跳动的部位,如耳后、脖颈、前胸、手腕、手肘或腿膝后。香水切忌用在腋下等易出汗的地方,否则味道混合会很难闻。

总之,女士赴宴一定要有所注意,事先多了解一些与宴会有关的事情,才能做更多的准备,不管参加何种宴会,都要做到知己知彼,才能百战百胜,年轻的女士们,加油吧!

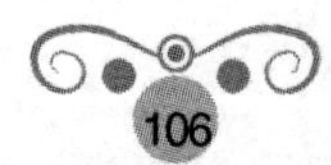

第 5 章

眼明心细观察入微，透过细节亦可以洞悉人心

在与人交际的时候，若用心观察，你会发现，通过眼睛来读懂他人的内心是一个很好的办法；此外，人们的双手会做出许许多多的小动作，每一种手势背后都有一种隐而不发的心理秘密，这些手势虽然并没有声音，但是却往往暗含着人们内心的真实情绪与心境；在人们的交谈中，认真地倾听他们说话的主要内容，你也可以在其中找到他人真实内心的蛛丝马迹。

透过眼睛识人心

一般而言，一个心中深藏着爱的女孩在表达爱的时候不太会目光直视她的爱人，而会垂下眼皮、脸面羞红，眼睛偷偷地看着别处，如果他爱你，他一定会读懂你眼神背后的秘密。

眼睛是心灵的窗户，所以，在交际中，女孩要学会透过眼睛识人心。聪明的女孩可以从他人的眼睛里看到对方的灵魂深处的丑恶和奸诈，也可以看到他深藏在心底的善良和正直，还可以看出你们在谈话时对方对你的真正态度。正如夏洛蒂·勃朗特在其代表作《简·爱》中所说的那样"灵魂在眼睛中有一个解释者——时常是无意的，但却是忠实的解释者"。

有一位心理学家曾经观察过上百次推销员推销商品时顾客的眼睛，她发现，其实推销员只通过注意顾客的眼神就可以知道这笔生意能否做成。她说："假如顾客的眼睛向下看，而脸转向旁边，那么这表示推销员被拒绝了。假如顾客注视推销员的眼睛几秒钟，眼睛、嘴角和鼻子的部位带着浅浅的笑意，笑意轻松，而且看起来很热心，那么这个买卖便做成了。"

由此可见，人的眼睛会透露很多秘密。

当别人以斜眼瞥你时，那表示他对你存有怀疑和疑问。当别人从眼镜上方窥视你时，表示对你所说的某些话语持怀疑、不确定或是拒绝的态度。当别人看到你时，眼睛中表现出一种迷茫或是视而不见时，表明这个人或是精神恍恍惚惚、心不在焉，或是对你不感兴趣甚至厌烦。当你对别人说话时，他却视线朝下手扶着头，下巴垂着像在打瞌睡，这是个明显的不耐烦姿势，此时你最好知趣一点，停止和他的交流。

陌生人之间的目光对视，一般会给人一种唐突无礼的感觉，使人感到厌烦。因为长时间地盯着人的眼睛看，往往带有一种侵略性的意义。

当然，眼神中还会暴露出一些女孩与男人之间的爱慕之情。正如白居易在《长恨歌》中所说的那样"回眸一笑百媚生"。聪明的女孩可以不借用任

何语言，单只用眼睛就可以说出那句让人羞于出口的“我爱你”。一般而言，一个心中深藏着爱的女孩在表达爱的时候，不太会目光直视她的爱人，而会垂下眼皮、脸面羞红，眼睛偷偷地看着别处，如果他爱你，他一定会读懂你眼神背后的秘密。那些情侣间永恒不朽的爱情，往往是从读懂女孩的眼神开始的。

此外，通过眼神的往来，还可以观察出社交中的朋友们的内心。

内心坦诚者的眼神中有一种很美的清澈，像一泓清泉，悠然见底。而心存奸险的人则目光不定，眼睛浑浊不清。性格豪放的人眼神中有一种光芒，而内心猥琐者则常常目露贼光，对人不敢直视。

其实当你与一个人谈话的时候，还可以从朋友与你目光接触的时间来判断对方对你的态度。据心理学家试验证明，人们视线相互接触的时间，往往会占谈话时间的30%~60%。如果不到30%，则表示，这个谈话对象很有可能对你或你所说谈起的话题不感兴趣。如果超过60%以上，则表示彼此对对方的兴趣大于他所说的话。这样的情况很少出现，除非是情侣间的含情脉脉的凝目相视或者是两个敌对的人准备打架。

安斯蒂曾经说过：“眼睛是内心的索引。”所以，聪明的女孩，在交际中要学会通过他人的眼睛这个索引，来读懂他人内心中的那一本本又大又厚的书。

从面部表情透视对方的心理活动

在交际中，如果别人向你说一些你完全不同意而又觉得没有必要辩白的问题时，那就微笑着静静倾听吧。

在与人谈话时，有些人往往只用耳朵全神贯注地听，却常常忽视对方的表情。其实，有时候这些小表情却蕴含着大意义，它们能帮你了解朋友的内心世界。因为，当人们的心理活动发生变化的时候，其面部表情也会发生相应的变化，因此在交际中，女孩可以通过观察他人的面部表情来判断其心理

活动的变化,从而把握交际中的分寸。

1.微笑的含义

微笑的含义有多种,有的代表善意、有的代表鼓励、有的代表赞同。在人际交往中,如果你发现当你说话的时候,你的朋友总是微笑着倾听着你所讲的每一句话,这个时候,最好不要误认为他完全同意你的看法。有些人总是在别人讲话的时候静静地倾听,并一直面带微笑地看着对方,但这并不一定就意味着他们很赞同你的观点,有时候,微笑通常只是用来掩饰其内心真实想法的一种得体的方法。这个时候也许他已经在心中对你所讲的话嗤之以鼻了。所以当你向他人说话而对方总是微笑却不置一词时,就要停下来或是换个话题。相应的,如果在交际中别人向你说一些你完全不同意而又觉得没有必要辩白的问题时,也要学会微笑着静静倾听。这是一个交际小窍门,也是微笑在交际之中所特有的一种含义。

2.说谎的独特表情

人在说谎之前往往在心中做好了种种盘算。但是他们的表情却总是让他们的谎言不攻自破。

例如某个"气管炎"晚上和同事出外喝酒,喝多了睡在了外面,一夜没回家,第二天早上回家之前,他就得先在心里想好:"假如我家老婆大人问我昨天晚上干什么去了,我就说我加夜班。假如她要是问我为什么手机总关机,那我就说手机刚好没电了。假如她问我为什么不向老王借一下手机,我就说老王手机丢了……呵呵,这么说准能顺利过关。"但是因为他酒没全醒,恍惚之中,竟然搞错了,把原本关着的手机又给开机了。

不出所料,这个"气管炎"刚刚回到家中就被老婆一通盘问。

老婆问他:"你昨天晚上干什么去啦?"

虽然在进家门之前,他已经想好要怎么迎接老婆大人的暴风骤雨了,但是终究是自己做错了事,于是他瘪着嘴按照事先想好的办法说道:"我,我昨天晚上加夜班来着。"

老婆又问道:"那为什么打你手机总是关着机?我在家里等你等到12点,你知道吗?"

"气管炎"摸摸脖子说道:"那个,我手机没电了,自动关机。"

老婆看他那样子，很明显就知道他是在说瞎话，于是厉声问道："你昨晚上没去那个临风酒吧喝酒？"

"气管炎"一听慌了神，因为他昨天晚上去的就是临风酒吧，心虚的他在轻轻点头之后马上用力摇头说道："没有！我昨天晚上绝对没去临风酒吧喝酒！"

正在这时，"气管炎"兜里的手机突然响了，她老婆一听脸就变了色，一把抢过他的手机，打开一看，是他同事老王给他发的一条信息："快点关机，我骗我老婆说，我昨晚上不给她打电话是因为咱俩手机都没电了，一会儿她没准会给你打电话问你！"

其实，即使故事中的"气管炎"手机不响，他的老婆也早已经猜出了他在说谎，因为他的表情、语言和动作早已经做了他的叛徒。从哪里看出来的？

(1)他一进门就瘪着嘴，一般犯了错的人才会嘴角向下瘪，这个动作从一开始就暴露了他的内心。

(2)想要否认，但是在板着脸摇头之前的一瞬间却有没有控制住自己的点头动作，这是非常有力的撒谎证据。

(3)如果没有撒谎，那么在否认的时候通常只会说出"有"或者"没有"，而不会像这个"气管炎"一样，一下气喘吁吁地说那么一大串话。

在日常的交际之中，许多人自认为自己编造的谎话已经是滴水不漏了，但是，如果在与他们交际的时候，你有一双能够看穿表情背后心理活动的眼睛，那么，什么样的谎言都会不攻自破。

能够暴露人们内心活动的不仅仅是微笑或是谎言。除非经过特殊的训练，否则人在发生心理活动的时候都会伴随着面部表情的各种变化。

例如，回忆时人的眼球会向左下方看；在明明知道事情的真相又不想告诉别人的时候，他会一边大叫着"我怎么会知道？"一边上扬自己的眉毛；如果一个人表现出哀伤神态，但是额头的皮肤却没有任何变化，那么，除非他做过拉皮手术，否则他的哀伤一定是假的。

总之，在交际之中，人们面部的表情不外乎两种，一种是掩藏真相的，一种是真实的。用来掩藏内心的表情给人的感觉往往是假的，只要用心观察，无论他怎样做也依然会发现其中的破绽，而真实的表情则永远真挚自然。

女孩在交际之中所要做的，就是辨认出那些假的表情背后的真实心理活动。其实，只要用心观察生活，多多关注他人的面部表情，就能总结出一套自己的读心之术。

看穿笑容背后的心情

东方人的笑容是世界上最多意的笑容，因为东方人一向有含蓄的特点，许多不愿做过多表示或评论的事都喜欢用笑容来回答。

曾经有一位心理专家给一百名工作中的女性出过这样的一道心理测试题：

假如有一天你的一位同事兴高采烈地跑到你的面前向你展示她刚刚买到的一件衣服，问你她的新衣服好不好看。然而这件衣服无论是颜色还是款式都让你感觉很难看，甚至觉得穿这衣服出门简直就是一件很丢脸的事，这个时候你会怎么样回答她？

是直接对她说："千万别穿这衣服上街，太丑了！"还是向她微笑，不置可否？

经心理学家调查出现，超过百分之八十的人会选择"向她微笑，不置可否"这个选项。可见，在人际交往中，人的笑容并不仅仅是表示喜欢或者高兴这类简单的意思。其实每一天人们都在不停地送出各种各样的微笑，同时也在接受着意义完全不同的笑容，所以如果有一天，你也像故事中的女同事一样兴高采烈地向他人展示你所喜欢的的东西，并且得到你希望得到的笑容时，千万不要盲目地认为，这就是得到了他人的赞美，也许，这只是你的幻觉。其实，随着社会的发展，在当代社会，人与人之间的关系变得越来越复杂，同时，在人际交往中人们的表情也在变得越来越复杂。所以，聪明的女孩要在人际交往中学会看穿人们笑容背后的真实心情。

有位西方心理学家称，东方人的笑容是世界上最多意的笑容，因为东方人一向有含蓄的特点，许多不愿做过多表示或评论的事都喜欢用笑容来回答。

其实作为一名东方人，特别是一个深谙此道的东方女孩，在人际交往之中，完全可以通过认真观察，发现不同的人笑容背后的真实意义。

有一位娱乐记者曾经说过，要想知道一对明星夫妻的感情是否有问题，其实并不难，而且根本不用傻乎乎地直接问他，只要看他最近提到婚姻时的表情就可以了。如果提到婚姻时他做出了比以前更高兴的表情或是话比以前更多，一味地称赞自己的爱人是多么好、多么感情专一，那么此时他们之间的感情多半是出了大问题。

心理学家说，这是一种很普遍的心理现象，当人们心里藏着一些不愿意向他人透露的事时，人们就喜欢用与其相反的表情来加以掩盖。

某人刚刚中了五百万元的大奖，心里头别提多高兴了，但是又不敢说出来，他用尽力气掩饰自己的兴奋，故意装作很淡的样子，生怕别人从他的表情或者眼神中看出什么端倪来。

这就是人们常说的"面具"了。有时候为了个人的安全或是其他一些个人原因，人们是需要用这种面具来伪装自己的，而笑容就是一种比较好的"面具"。但是面具有一个最大的特点，那就是眼睛，一般的面具会在眼睛的部位，留下一片空白，等待着戴面具的人用自己的双眼去填补，其实在人们笑容的面具中，聪明的女孩也可以通过那一双眼睛来看穿那些笑容背后的真实心情。

心理学家说，真诚而开心的笑容会有在眼角周围产生细小的角尾纹，而那些不是发自内心的笑容则没有。关于这一点其实中国的先人早有总结，那就是人们常说的那句俗话"皮笑肉不笑"。除此之外，还有"付之一笑、似笑非笑、莞尔一笑"等，每一种笑容虽然看起来没有什么不同，都是嘴角上扬，面部肌肉紧张，但是，通过那一张张"笑容面具"中透露出来的双眼，人们还是可以在其中找到笑容背后的真实"笑点"。

当然，在交际之中，并不是所有的笑容都是如此地充满着心机，还有一种笑容是"咽泪装欢"，没有人情愿如此，但是在很多情况下，"咽泪装欢"的人都有着不得已的理由，聪明的女孩，只有回之一笑。因为揭开她人的伤口，毕竟是一种不礼貌的行为。既然他人愿意以笑容示人，为什么不回之一笑呢？也许你的微笑还能在他人的心中点亮一束光。

有人曾经说过“笑容这东西，送出时是一个人的笑容，收获时却是两个人的笑容”，没错，笑容就是这么神奇。所以当你看穿他人的笑容时，最好也还之以笑容。其实，没有必要总是抓住一种“社会太复杂”之类的感慨不肯放手，怀着一种理解之心，那些笑容背后的真实心情，便都可以理解了。

手上的小动作透露其心理活动

当人们撒谎时，有一种名为儿茶酚胺的化学物质会从身体中被释放出来，从而引起鼻腔内部的细胞肿胀，导致鼻子感到不适，因此，他们才会不停地摸自己的鼻子。

人类进化的第一步就是用两足站立而解放双手，用这双从行走中解放出来的手，人们可以从事细致的手工作业，可以制作出无数精美的物品，同时，手也可以表达人们内心的真实想法。聪明的女孩要从他人不经意的手势中了解其内心中潜藏的心理活动。

许多人在与人交际的时候都会有一些看起来毫无意义的下意识的动作，其实每一个动作都在向人倾诉着其内心的真实想法，正如人们常说的那样，真是“小动作有大秘密”。

1.交谈之中不要轻视触摸鼻子的小动作

有的人喜欢在与人交谈的时候抬手在鼻子的下沿很快地摩擦几下，不要小看这个看似不经意的小动作，其实暗含着许多的意思，同时也暴露出了其内心的心理活动。

在交际中，如果你发现与你交谈的人你总是摸自己的鼻子，要么除非是他鼻子痒，否则很有可能是他在掩饰自己的谎话。根据美国芝加哥的嗅觉与味觉治疗与研究基金会的科学家们研究发现，当人们撒谎时，有一种名为儿茶酚胺的化学物质会从身体中被释放出来，从而引起鼻腔内部的细胞肿胀，导致鼻子感到不适，因此，他们才会不停地摸自己的鼻子。有科学家还揭示出人在撒谎时血压也会随之上升。在血压增强时会导致鼻尖膨胀，从而引发鼻腔的神经末梢传送出刺痒的感觉，这也是人们在说谎时频繁地用手摩擦鼻子的原因之一。

据说有一位美国的神经学者曾深入地研究了比尔·克林顿就莱温斯基性丑闻事件向陪审团陈述的证词，他们发现克林顿在说真话时就很少触摸自己的鼻子。但只要克林顿一撒谎，他的眉头就会在谎言出口之前不经意地微微一皱，而且每四分钟触摸一次鼻子，在陈述证词期间触摸鼻子的总数竟然达到26次之多。

在说谎的时候，人可以编造天衣无缝的谎言，但却无法阻止自己的身体在说谎时所发生的种种细微的变化，一个摸鼻子的小动作就暴露出了人内心之中复杂的心理变化。所以当你在与朋友交谈的时候，如果发现你的朋友总是在那里摸自己的鼻子，你就要注意了。

不过，有一点也要注意，并非所有摸鼻子的小动作都代表说话者内心剧烈的心理变化，有时候也有可能是因为花粉过敏、感冒所造成的鼻子不适，这还需要聪明的女孩在交际之中自己慢慢去观察与发现。

2.说话之时抓挠耳朵的手势所透露出的小秘密

人们常说猴子喜欢“抓耳挠腮”，其实有时候人也会抓挠自己的耳朵。小时候，小孩为了逃避父母的责骂会用两只手堵住自己的耳朵，其实抓挠耳朵的手势是堵耳朵这一肢体语言的成人版本。当人们听到自己不爱听或是听得很厌烦的话时，就会做出抓挠耳朵的小动作，所以，在交际中，当你发现你的听众在听你说话时总是不经意地抓挠自己的耳朵，并且面露不屑，这个时候最好停下自己正在滔滔不绝的讲话，以避免双方的尴尬。

除此之外，交谈之中的抓挠耳朵的手势还隐含着焦虑的意思。

据说，查尔斯王子在步入宾客满堂的房间或者经过熙攘的人群时，常常做出抓挠耳朵的手势，但人们从未看到查尔斯王子在相对安全私密的车内做出这些手势。这些手上的小动作往往显示出不喜欢热闹的他在人群中的紧张不安的心理。

许多人在内心感到不安的时候都会做出抓挠耳朵的手势，据说在意大利抓挠耳朵的动作还常常被看作是“女孩气”的表现，在那个国度里，如果一个男人总是抓挠耳朵还会被人认为有同性恋的可能。

3.交叉的双臂

也许你有过这样的经历,当你在与你的朋友说话时,有时他们会做出双臂交叉的姿势?

一般而言,双臂交叉是人的一种防御性的姿势,如果一个人使另一个人感到不自在,出于自我保护的目的,感到不自在的人会在交谈的时候交叉自己的双臂。因为当一个人感到不安全的时候,他往往会通过这个方法来使自己的肢体占据较少的空间,以使不安的情绪得到缓解。

另外,如果当你向一个朋友说如你对他的意见或建议时,而他却做出双臂抱在胸前的姿势,则表示虽然他不会在口头上对你所说的话做出什么反驳,但是他却并不同意你的看法。因为将双臂抱在胸前的隐含意义是拒绝和撤退。

其实,只要在与人交际的时候用心观察,你会发现人们的手上还会做出许许多多的小动作,每一种手势背后都有一种隐而不发的心理秘密。这些手势虽然并没有声音,但是却往往暗含着人们内心的真实情绪与心境,所以,女孩就要学会解读他人的手势,通过手上的小动作透视他人心里的真实想法。

走姿和坐姿反映出对方的心理状态

走路时总是喜欢身体前倾甚至看上去像猫着腰的人,这类人性格大多比较温柔、内向,其心态一般都是比较谦虚的,能够虚心接受他人的意见和建议。

人在行走坐卧时所表现出来的姿态都是由心而起的,所以,聪明的女孩完全可以在社交之中通过观察一个人的走姿与坐姿,来猜测出对方的心理状态。

1.走姿

从“走姿”来观察一个人,中国自古以来就有。观察一个人怎样走路,并

从走姿中透视他的内心，这是一种能够帮助女孩更快地明了他人内心的方法，同时还充满趣味性。

经心理学家研究总结，一般说来，走路时步伐急促的人是典型的行动主义者，他们大多精力充沛、精明能干，敢于面对现实生活中的各种挑战，适应能力特别强，尤其是凡事讲求效率，从不拖泥带水等，这样的人的心理状态通常是比较阳光的，而且性格开朗。而走路时步伐平缓的人而往往因其慢腾腾的性格，所以无论别人有什么样的急事，他们都会不是很急，这类人是典型的现实主义派。他们的心理状态往往是凡事求稳、不急不躁，做事总是三思而后行，不会做出好高骛远的事。另外，除了观察人走路时步伐的快慢以外，还可以通过看他们的走路时的体姿来判断对方的心理状态。如有的人在走路时总是喜欢身体前倾甚至看上去像猫着腰一样，这类人性格大多比较温柔、内向，其心态一般都是比较谦虚的，能够虚心接受他人的意见和建议。

2.坐姿

经心理学家研究证明，如果你与一位朋友相约见面，而这位朋友一见面便重重地坐下去，那么此时此刻，他的心情一定是烦躁不安的。这个时候，考虑到对方的心理状态，说话做事一定要注意，不要做一些使对方心情烦躁的事。如果他轻轻地坐在椅子上，那么，对方的心情应该是平和的，此时与其展开讨论应该是一件轻松愉快的事。

如果你与一位朋友见面后，他是侧着身子坐下去的，那么他此时的心态应该很舒畅，他或许觉得没有必要给你留下更好的印象，也许你们是很相熟的朋友，也许在他的心里，与你谈话是一件很自然、很舒服的事。

如果他人在与你说话时，总是把自己的身体尽力地蜷缩在一起，而且将双手用力地夹在大腿中，多半是由于他在心理上对你有一种劣势感与自卑感，与这样的人坐在一起，你要尽量平静从容，不要故意挺直腰板、抬头高昂地坐在他的对面，因为这种坐姿的潜台词往往是你比对方优越，从而会加剧对方的自卑感。

除此之外，有的人在坐着时会做一些小动作，如有的人在坐下去时，总是双腿不断相互碰撞或不断地拍打地板，这样的人多半中在内心藏着一些难以说出口的事，因此他们才会做出这种紧张而且焦躁的小动作；有的人坐

着时喜欢跷二郎腿,跷二郎腿往往表示女性对自己的容貌有极大的信心,或者是她想引起他人的更多关注。作为一名女性,在交际之中最好不要跷二郎腿。

女孩在与他人交际的时候,有时能更快、更准确地看穿别人的心,但是如果你遇到的是一个陌生的人,又该如何做到这一点呢?那就要通过观察对方的走姿与坐姿来判断他的心理状态,这个方式往往能帮助你更容易地看穿对方的心理。

从说话习惯看出一个人的真实性格

一个平时语速很快的人,在听到你对他的某些错误行为突然发问的时候,他也会支支吾吾地放慢语速,这是因为他明知自己不对,又无从辩驳,所以感到心虚的缘故。

每个人说话时的语速、音调等习惯都不相同,借此也可以看出一个人的真实性格。要想做一名聪明的女孩,就要锻炼自己的耳朵,让自己的耳朵比他人的更加敏锐,能在声音中,听出说话者的性格。

1.语速中隐藏的性格秘密

心理学家研究表明,虽然人在不同的环境下会表现出不同的语速,但是通过人在说话时的平均语速,也就是人在说话时语调快慢的习惯,还是可以分析出一个人的真实性格的。例如,有的人说话时语速快得就像开机关枪一样,他们在说话过程中根本就不给其他人插嘴的机会,一般是一口气说到底。这种人性格一般比较外向,而且思维敏捷,应变能力强,口才也会比较好,能说会道,非常善于交际,因此,他们在交际场上往往如鱼得水,总能轻而易举地达到自己的目的。在他们的心里藏不住任何事情,他们想到什么就会说出什么,有时候甚至将自己认为比较可笑的事情讲给大家听。但是这类人性格比较暴躁,容易生气、发怒,遇事武断,有时候也会一意孤行。还有一种人,说话时语速非常平缓,与前者完全不同。他们说话总是不紧不慢，即使有比较紧急的事情，他照样雷打不动地用他那种独有的语速来叙述给别人听。这样的人大多温柔、善良、为人宽厚而仁慈，富有同情心，能够关心和体谅他人。这类人思维细致，善谋划，能够吸取别人的意见，但又不失自己独到的见解。他们思想比较保守，对新鲜的事物有排斥倾向，原则性很强，思维不够敏捷，做事情总是犹犹豫豫，缺乏魄力。但总体来说，这类人在性格上会比较稳重、谦虚，而且也会更加容易交到真心的朋友。

当然，语速与性格也并非总是绝对吻合。因为同样的人在不同的环境与心境之中，其语速也会发生变化。例如，一个平时语速很快的人，在听到你对他的某些错误行为突然发问的时候，他也会支支吾吾地放慢语速，这是因为他明知自己不对，又无从辩驳，所以感到心虚的缘故。而当人感到害羞的时候，也会放慢语速，例如，当一个男孩很认真又很害羞地对他心爱的女孩说“我爱你”时，也会用很慢很慢的语速，这个时候，聪明的女孩子，不要因为其语速很慢就认为其一定是个内向、木讷的人。

其实，通过人的语速来判断一个人的性格，主要还需通过特定的语境而定，如在日常的言谈之中。聪明的女孩，一定可以把握其中的技巧。

2.音调中隐藏的性格秘密

《红楼梦》中，林黛玉与王熙凤在语调上的差异就是一个非常好的例子。黛玉与王熙凤从体态上来说就有很大的差异，她总是“行动处似弱柳扶风”，说起话来更是温情款款、柔声细语。而王熙凤则是不见人影先听笑声，说起话来则更加脆如爆豆。当然，两者会有如此大的区别，也是因为林黛玉才学出众，与大字不识几个的王熙凤完全不同。但总体上来说，她们在音调上的差别还是由于性格的不同造成的。王熙凤性格泼辣开朗、敢说敢干、年轻有为，而黛玉则处处带着一份寄人篱下的悲伤，非常自卑。

古人云：“心气之征，则声变是也。”这句话的大意是说，人所发出的声音是随着心的变化而变化的，所以不同性格的人在说话的时候会有不同的音调。一般来讲，说话时音调低声和气的人往往胸襟比较开阔，而且内心比较温柔和善、通情达理，这种人性格比较温和平静，正如他们说话时的语调一样。而说话音调尖锐高声的人，则通常对人会比较犀利、苛刻，这种人一般不太会考虑他人的感受。在与他们交谈时，一旦被其抓住语言上的漏洞，就会遭到不留情面的攻击，让人感到无话可说，这种人往往会比较追求完美，任何事都容不得有一点点的瑕疵，无论是自己的事还是其他人的事。

《礼记·乐礼》中说“凡音之起，由人心生也”。一个人说话时不经意之间所表露出来的语言习惯都与其根深蒂固的性格有关，所以在日常的交际之中，要认真倾听，锻炼自己的耳朵。聪明的女孩，一定可以听出那千千万万种语言习惯背后的真实性格。

从说话方式洞悉他人心理

在社交之中，当你遇到了一个在谈话之中总是对自己的事绝口不提的人，不要盲目地认为其是出于自卑的心态，对方也有可能是出于自我保护或是心有城府。

说话是人的表达内心思想的一种表现，汉代的扬雄在《法言·问神》就曾经说过：“故言，心声也；书，心画也。”这也就是人们常说的“言为心声”的意思。所以，在交际之中，如果你想要洞悉一个人的内心，可从观察他说话的内容入手，这是个不错的方法。一般而言，人们只会说自己所关注的事情，心之所向，情之所系，这也正是其语言是其内心世界的真正体现的原因了。

在通常情况下，人们说话的内容大体可以分为以下几类：

1.说话内容总是围绕着自己

在日常的社交之中，如果你认真观察就会发现，有一些人，在你与他们交流的时候，他们所说的内容永远是围绕着自己的生活、自己的内心感受来说的，而不太会去在乎听他说话的人的感受。

这样的人在性格上一般会比较外向，主观意识也比较浓，同时也总是以自我为中心。他们的优点是非常坦率，他们之所以总是喜欢将自己表露出来，是因为其内心深处有一种渴望，渴望他人能够更多地关注自己、了解自己，从而使自己与他人的距离更加亲近。

2.对自己的事绝口不提，顾左右而言他

这是与第一类完全不同的谈话类型，这样的人往往对与自己有关的事非常敏感，他们不愿意将与自己的关的事情让其他人知道，他们往往性格很内向。其中一部分人是出于自卑心理，不愿意让他人知道自己的事情，所以总是给一种比较含蓄的印象，但也有一部分人是因为内心之中的城府很深，担心太过暴露自己会给自己带来不利。所以，在社交之中，当你遇到了一个在谈话之中总是对自己的事绝口不提的人，不要盲目地认为其是出于自卑的心态，对方也有可能是出于自我保护或是心有城府，所以在与这类人交流的时候，要加一点点小心。

3.谈话内容总是离不开牢骚

鲁迅在《祝福》中描写的祥林嫂就是一个满口牢骚的人，每个人在生活中都会遇到各种不幸、不愉快，如果一个人张口闭口总是向他人倾诉着自己所遇到的不幸，说明这个人内心深处有一种懦弱与软弱的特点，在性格上总是犹豫不决。当然这也可能是因为他们有追求完美的特点，但是却总是没有实现完美的能力，所以其内心之中便总是深藏着一种对事物的不满与抱怨。在社交之中遇到了这样的人，最好的方式就是倾听，因为对他们来说，找个人倾听他们的牢骚才是他们真正的需要。

4.说话内容总是围绕着评价他人的是非

俗语说“静坐常思已过，闲谈莫论人非”，但是喜欢将评论他人是非作为自己的说话内容的主要部分的人还是有很多，他们往往喜欢与自己的说话对象滔滔不绝地对他人评头论足，对待这样的人要格外小心。因为，这种人在内心之中往往以搬弄是非为生活中的小乐趣，也许有一天他们也会在他人背后谈论你的是非。所以当他们对你说起他人的事时，最后悄悄地走开，如果走不开，那么就微笑着对他的谈话不置可否。

人们常说“人心如海，难以测量”，其实要洞悉人的内心并不难，只要认真地倾听他们说话的主要内容，你便可以在其中找到他人真实内心的蛛丝马迹。所以，善于交际的女孩，要学会从他人说话的内容中洞悉他人内心的真实想法。

从穿衣打扮看出对方的喜好

喜欢穿中性化的西装的女孩对待工作充满热情，而且上进心很强，有竞争的意识，这样的女孩往往会把自己最干练的一面展现给与她一起工作的领导和同事。

美国心理学家彼得·罗福博士认为"从一个人对服装和服饰的偏好上面，往往可以推测其心理，而这一点在女士身上更为明显"。所以，在交际中，女孩可以通过一个人在穿衣打扮来看出这个人的喜好并读懂他或她的心。

1.中性服装的女孩喜欢在工作中体现出自己的干练

在职场中，许多女孩喜欢穿中性化的西装，这样的选择表现出其对待工作充满热情，而且上进心很强，有竞争的意识，这样的女孩往往会把自己最干练的一面展现给与她一起工作的领导和同事。而她最大的喜好就是在工作中体现自己的社会价值，并且通过自己的努力不断地取得成功。这类女孩是一种事业型的女孩。

2.不穿西装的男人喜欢从容自在的生活状态

近年来，女孩的着装发生变化的同时，男人的着装也发生了翻天覆地的变化。最引人注目的就是那些呆板的西装渐渐变得五颜六色，真可谓是"越穿越艳丽"。不但出现了奔放、热烈的大红、大紫、枣红、铁锈红等鲜艳色彩，甚至出现了橙黄、草绿等颜色，大大打破了传统的黑、灰、蓝等色彩。除此之外，更有一大批男性，甚至干脆脱去了西装，改穿简约、舒适、随和的T恤衫。这充分体现了他们敢于打破传统束缚、喜欢从容自在的生活的特点。

比扔掉西装的男人更加随性的还有喜欢穿肥大宽松的衣裤的男人，这类男人在从容自在之外，更有一种随性而又信手拈来的幽默。肥大宽松中带着一种男人特有的洒脱、明快和豁达，这种造型与人们平日刻板拘谨的服装有鲜明的区别，都市感特别浓，不十分高贵，但却给人一种大众化与幽默感。这样的男人往往喜欢和谐自在的交流空间，不喜欢与性格拘谨小心的

女孩交往，所以和他们交际时，要表现出女孩活泼可爱的一面，这样你与他们的交谈会变得快乐而又轻松。

另外，在服装上，人们除了对特定款式的偏爱以外，还有颜色上的选择。不同的着装颜色也可以体现出一个人特有的喜好。

丽丽是一家国际著名服装品牌的专柜销售员，通过多年的工作积累，她充分地了解了不同的人对服装颜色的偏好，以及隐藏在那些颜色背后的人们各不相同的喜好。

一天该公司一个负责华北地区销售工作的总经理微服私访，来到了她的专柜前，丽丽的表现让这位总经理的感到非常吃惊，因为，他发现丽丽竟然在见到他不到三分钟的时间内就为他选出了一件非常适合他的衣服。事实上，丽丽为他选的那件衬衫正是他太太上个星期刚刚为他挑选的那一件。

“是什么使你在如此短的时间之内就选出了整个店里最适合我的那件衣服?”总经理好奇地问道。

“这是女孩的直觉!”丽丽很神秘地笑着说。

当总经理说出了自己的真实身份后，丽丽才不好意思地说出事情的真实原因。原来丽丽常常在顾客进门后就开始悄悄地通过与他们的沟通来观察他们。她说:“在通常情况下，喜欢鲜艳色调的，一般都或开朗、健康，或热烈奔放，这类人眼神中有一种特有的光芒，因此往往喜欢直截了当的交流方式。而喜欢穿白色的人，往往给人一种高贵、纯洁的感觉，但同时他们的潜意识里也会带有一些冷漠，所以他们通常会喜欢略有距离的交流。所以和他们说话的时候要掌握好分寸，不能太近。”

“那么你是怎么看出我来的呢?”总经理笑着问道。

“因为我发现您身上虽然穿着传统色的西装，但是在里面却穿了一件颜色亮丽的衬衫，所以我为您挑选了颜色最鲜艳的一件衬衫，因为我猜想您一定是一位性格开朗、胸襟宽广的人。”

总经理听了丽丽的话非常开心。

显然，丽丽是一位聪明的销售员。其实，只要你细心观察他人的着装，就会发现每一个人都在自己的衣服上展示着自己的喜好与特色。

古人云:“闻香识女孩。”其实，女孩也可以“观衣识人心”。

通过办公桌摆设看其内心

喜欢往自己的办公桌上放几棵植物的人，一般性格方面都比较冷静、稳重，并且在工作中愿意主动去承担一些责任。

不同的人会有不同的性格特点，如同事们虽然同处一室工作，并且坐在几乎完全相同的办公桌边，但是各自的办公桌上却景象完全不同。聪明的女孩，从这一张小小的办公桌上，也可以看到不同人的内心。

1.纤尘不染的桌面与内心

在办公室中，人们常常会发现有些办公桌上总是收拾得整洁干净，不但桌面上纤尘不染，而且每一样物品都码放得井然有序。这样的办公桌的主人，往往非常注重秩序，做事情喜欢脚踏实地，给人一种可靠可信的感觉。但是这样的人也有他的性格缺点，那就是斤斤计较。对自己过分严格的人，往往也会把这种严格强硬地施加给他人。在与其交往中，他们往往只会看到他人的缺点，却不容易看到他人的努力与进步，以至于经常错误地批评他人。因此，在与这类人交往的时候，就要在细微之处注意自己，不要让他们觉得你是一个工作不认真的人。

2.杂乱无章背后的秘密

杂乱无章的办公桌给人的感觉往往是忙乱，借此，人们很容易地便会想到这张桌子的主人在工作中疲于应对的场面，以及那张偶然抬起的愁苦不堪的脸，见到他们时，人们往往会很不忍心地说上一句："注意身体，不要太累了。"

据调查显示："一个办公桌不整洁的工作人员每年要花费至少六个星期的时间，在混乱的工作环境、乱放的文件中找寻有关资料，而事实上这样的浪费完全是可以避免的。"面对这样的办公桌，许多领导也只能远远地站在一旁摇摇头走开，因为没有哪个公司规定自己的员工必须得有一张干净整洁的办公桌。

张燕燕有一张全公司出了名的杂乱办公桌，每位领导见了她的办公桌都不免要摇头叹息。有一回总经理还就此事专门找她谈过话。但是谈话之后没有干净几天，她的桌子便又恢复到原状。但是不久之后大家就发现了她的杂乱之外的一个特点，那就是她很会处理一些公司中的小麻烦。一天，总经理的一份重要文件不慎丢失了，全公司的人都急得团团转，每个人都在帮助总经理找这份文件，但是张燕燕却不管不问，继续忙着自己手头上的工作。总经理看到她后，便命令她也来加入找文件的大军。让大家意想不到的是，张燕燕一出手便很轻松地在一大堆旧文件中找到了总经理弄丢的那份文件。原来，张燕燕平时办公桌虽然总是密密麻麻地摆满了东西，但是她自己却很善于找东西。之前大家一直对她感到很奇怪，因为她的办公桌让人连续看一分钟都会感觉到头痛，但是她竟然能够一天八个小时地在里面安安稳稳地坐住，实在是异于常人。看来她的这种善于找东西的特长就是在这个杂乱的办公桌前锻炼出来的。

所以，在交际之中，当你看到一张乱七八糟的办公桌时，先不要急着摇头，因为杂乱的背后也许隐藏着一颗敏锐而又善良的心。

3.显示个性的办公桌

特别干净或极端邋遢的办公桌毕竟还是少数，大部分人的办公桌还是不那么引人注意的。但是在这份平庸之中，很多人也有着自己独特的小点缀，例如，往自己的办公桌上放一些自己喜欢的小东西。有的人喜欢在自己的办公桌上放置一些花花草草，有的人则喜欢在桌子上放一些与家人的合影，还有的人喜欢放一些自己过去得到的奖杯，其实每一种类似的小摆设都在显示着这张办公桌主人的个性。

心理学家分析说，喜欢往自己的办公桌上放几棵植物的人，一般性格方面都比较冷静、稳重，并且在工作中愿意主动去承担一些责任。

喜欢在桌面上摆放家庭照片的人，通常在性格上表现得比较脆弱、不会轻易与人发生争吵；他们往往能为集体做出许多贡献，比如记住每个人的生日，主动帮助大家解决一些工作上的小困难，这类人通常喜欢把公司视为自己的家庭，并且希望这个家庭中的每一个人都过得很幸福、很快乐。

故意把自己过去得到的奖杯摆放在引人注意之处的人，往往喜欢把自己的办公桌变成一个“战利品”展示台,上面的每一个奖杯都是能够使他引以为豪的凭证,这样的人通常性格活泼、精力充沛、充满野心。他们往往对于任何自己想要的东西,都会直接去争取,且表现欲非常强。不过,从另一个角度也证明了他们不够自信,而且对目前所处的位置感觉不牢固,于是通过这些业绩来证明自己的能力,来增强自信心。

办公桌的摆设能够直接反映出一个人的内心状态,所以只要你是一个善于观察生活的人,你就会发现,其实把握他人心理并不是件难事。唯一难的就是你能不能低下头,认真看一看身边的人在生活与工作中表现出来的那些小细节。

第6章

女孩懂点心理效应，做人际往来中的主导者

与他人交往，只做表面上的文章是远远不够的，如果能够准确并及时地把握对方的心理，那么我们办起事情来，就轻松容易多了。由此可见，女人想要获得交际的成功，还应该掌握一些心理学方面的知识，有效地利用心理效应，诱导对方的心理，实现社交活动的成功。

第一次见面留下好印象——首因效应

一个人的外表就像是商品的外包装一样,人们在挑选东西的时候,第一眼总是会先注意到那些包装漂亮的商品。

有这样一个故事:一个新闻系的毕业生正急于寻找工作,一天,他到某报社对总编说:"请问你们这里需要编辑吗?""不需要!""那么记者呢?""不需要!""那么排字工人、校对呢?""不,我们这里现在没有什么空缺。""那么,你们现在一定需要这个东西。"说着他从自己的公文包里拿出一块精致的小牌子,上面写着"额满,暂不雇用"。总编看了看牌子,看了看眼前这个机灵的小伙子,微笑着点点头,说:"如果你愿意,可以到我们广告部工作。"

故事中的大学生通过一块自己制作的牌子,把自己的机智和乐观准确地表达出来,给总编留下了很好的"第一印象",从而让总编对他产生了极大的兴趣,并得到了总编的认可,最终为自己赢得了一份满意的工作。由此可见,在人际交往中,如果能够给他人留下一个良好的第一印象,在一定程度上,可以提高自己社交活动的成功率。

在心理学上,把这种现象定义为首因效应。首因效应也叫做首次效应、优先效应或"第一印象"效应,它是指当人们第一次与某物或某人相接触时会留下深刻印象,个体在社会认知过程中,通过"第一印象"最先输入的信息对客体以后的认知起决定性作用。因此,女性朋友们,要想顺利地完成社交活动,可以从第一印象入手,把握首因效应,为以后的人际交往打下良好的基础。

那么,女性朋友们与他人交往时,如何有效地利用首因效应呢?

1.良好的仪容仪表

一个人的外表就像是商品的外包装一样,人们在挑选东西的时候,第一眼总是会先注意到那些包装漂亮的商品。在社交场上,整洁的仪容仪表更能获得他人的认可。因此,女孩想要向他人证明自己的能力,就要注意修饰自己的仪容仪表。这就要求你对自己进行包装。首先，给自己化一个精致的妆容，让自己看上去年轻，有活力。其次，选择得体悦人的穿着，给他人带来视觉上的享受。这样既可以展现自己的魅力，使自己充满自信，同样还可以体现出自己对对方的尊重之情，也一定可以给他人留下良好的第一印象，有利于社交活动的完成。

2.温和的表情

人际交往中，能够打动人心的，除了仪表，就是人的面部表情。在现代社会中，生活节奏加快，人与人之间的关系变得冷漠，若要在第一印象中给人好感，笑容就是你的特别武器。在社交场上，一个面带笑容的人和一个整天板着脸的人相比，肯定前者更受欢迎。真诚的微笑能够体现出一个人的宽容，也可以反映出一个人的修养。在社交场上，微笑的面容既容易被他人接受，又能为自己赢得口碑和潜在的机遇。如果你还在为如何给他人留下好形象而苦恼的话，那就试着对人微笑吧！

一家企业正在面向社会招聘员工，许多年轻人前去应聘。这些应聘者中，有些人的学历很高，但结果却出人意料。他们最后都败在了一个只有中专学历的女孩手里。这个女孩看起来相貌平平，工作经历也很简单，并且只有中专文凭，挺普通的一个人，但是最终却被公司录用了。于是，有人不服气地向人事部经理质问："请问贵公司录用人的时候以什么为标准，我真看不出来她哪点比我强。"人事部经理看了看对方，用平静的语气说道："一个女孩能够经常发出友善的微笑，足见她是一个淳朴、宽容、善良的人，那么她即使文化程度低一些，我们也愿意聘用。一个硕士生或者博士生，如果老是板着一副面孔，他就是免费来我这里工作，我们也不要。"

上例中的女孩，正是利用自己的微笑赢得了对方的信任，为自己争取到了工作机会。由此可见，微笑在人际交往中有着举足轻重的作用。因此，女孩要学会微笑，并时时向他人展现自己的笑容，为自己社交活动的完成奠定基础。

3.优雅的谈吐与举止

在人际交往中，除了良好的仪表和温和的面部表情外，女孩还要时刻注意自己的谈吐和举止。在社交场上，女孩拥有端庄的举止、优美的仪态、高雅的气质,将有助于事业的成功。与他人交往时,女孩如果言辞幽默,举止优雅,定会给人留下难以忘怀的印象。如果举止粗俗,只能给他人留下不好的印象,从而影响到社交活动的进行。

首因效应在人际交往中起着很大的作用,如果能够有效地运用首因效应,就可以为以后的社交活动奠定良好的基础。女性朋友们,想要获得社交活动的成功,就要尽可能多地向他人展现自己的优点,给他人留下美好的印象,从而有利于社交活动的顺利进行。

让别人把你当做自己人——亲和效应

恰到好处的赞美,可以使自己获得对方的认可与喜欢,迅速拉近双方之间的距离,非常有利于社交活动的完成。

所谓的"亲和效应"是指人们在交际应酬中,往往会因为彼此间存在着某种共同之处或近似之处,更加容易接近,更容易发现和确认对方值得自己肯定和引起自己好感的事实。这种效应使得相互交往的双方在认知的深度、广度、动机的效果上,都会超过非自己人之间的交往与认知。因此,女性朋友如果能在社交活动中积极创造条件,让别人把你当做自己人,这样一来,获得社交活动的成功,便是水到渠成的事了。

李丽是一家保险公司的产品推销员,她性格活泼,很健谈,公司里她的业绩总是第一名。有一次,她打算把新出的一款产品推销给某某公司的老板。当她登门拜访时,老板恰好外出了,要过一段时间才能回来。于是,老板的夫人接待了她。一开始,她并没有开门见山地说明自己的来意。在闲聊中,她得知老板夫妇是湖南人,于是她便说明自己也是湖南人。这样一来,原本客气的两个人,一下子就亲热起来。仿佛有聊不完的话题。最后,老板的夫人竟执意要挽留她在自己家吃饭。李丽看时机已成熟,便把话题转移到自己的工作上,工作上遇到的很多难题,老板的夫人顿时起了恻隐之心,答应自己先购买她的产品,并承诺帮她问一下自己的好姐妹们。最后的结果出乎李丽的意料，不但老板的全家购买了这个品种的保险，而且老板夫人的好姐妹也都买了好多。

中国人的地域观念很强，尤其是同样在外漂泊的人，更加珍惜那种老乡之情。李丽的成功，正是巧妙地借助了共同的出生地，和老板的夫人成为“自己人”，最终成功地达到了自己的目的。由此可见，如果能够巧妙地利用好共同点，让别人把你当成“自己人”，会更有利于社交活动的完成。

那么，在社交场上，女性朋友们应该如何做呢？

1.努力寻找双方的共同点

所谓“自己人”，大体上是指那些与自己存在着某些共同之处的人。这种共同之处，可以体现在出生于同一个地方，毕业于同一个学校，在同一个单位上班，也可以表现在有着共同的爱好、兴趣、志向等。因此，与他人交往时，要从多个方面寻找共同之处，要多挖掘与对方的兴趣、爱好等共同方面的话题，争取把双方的共同点扩大化，这样双方交谈起来才会兴致勃勃，谈话才能更加持久深入，有利于社交活动的顺利进行。

2.说话时，多用一些“咱们”之类的词

与他人交往中，找到了共同点以后，要多强调那个共同点。表述的时候要多用到“咱们”之类的词语，这样就可以加强双方之间的感情，听起来更亲切。同时，你恰到好处的赞美，也可以使自己获得对方的认可与喜欢，迅速拉近双方之间的距离，非常有利于社交活动的完成。

美国作家赛珍珠“二战”期间，曾发表过对中国人民的广播演讲，这篇演讲曾深深地打动了中国人的心。演讲中她是这么说的：“我今天说话并不是完全以一个美国人的身份，而是以两种身份说话。我不仅是一个美国人，我更是一个中国人。因为我一生的大半部分时间都待在中国。我刚生下来3个月，就被父母带去中国。当我开口说话的时候，我最先说的是中国话。在中国的十多年里，我们到过中国的浙江、江苏、江西、湖南、安徽、山东各省的小城市、小村庄，清浦、镇江、丹阳、岳州、蚌埠、徐州、南州……这些地方。至今我最爱的，仍是中国的农田乡村。后来我逐渐长大了，又在南京生活了17年。无论我住在什么地方，我与中国人永远亲如一家。因为在我很小的时候，我就和中国孩子一起玩耍；长大以后，我又与中国的朋友们来往。现在，我人虽已回到美国，但我却不曾忘掉我旧日的中国朋友。我既在中国成长，又在美国生活，接受了两种文化的教育，所以我觉得我是属于两个国家的。”

在赛珍珠的发言中，一再提及中国及中国人都很熟悉的地名，让那些听众，仿佛也曾经和她一起经历过那些事情。无形之中，国籍的界线模糊了，一种亲切感油然而生，瞬间拉近了她与中国人民之间的距离。正是由于这些共同的词语，唤醒了中国人民对她的认同与接受。

3.与他人交往中，适当地分享自己的“隐私”

在人际交往中，很多女孩最忌讳的就是暴露自己的隐私，其实，如果你能够反其道而行之，适当地把自己的私事拿出来和他人一起讨论，会让对方觉得你把她当成了最亲密的好朋友，因而会大受感动，从而把你当成“自己人”，这样一来，处理问题时就会更加容易。

在人际交往中，女孩如果能够巧妙地利用“亲和效应”，就可以和周围的人相处得很融洽，建立良好的人际关系。

让别人先看到你的优点——晕轮效应

女孩想要在社交活动中得到他人的认可，达到目的，除了巧妙地利用首因效应和亲和效应外，还应该熟练的掌握晕轮效应。

“晕轮效应”也被称为光环效应，它是指在观察判断和评价某一行为主体的时候，由于该主体的某一方面特征或品质从观察者的角度来看非常突出，以此掩盖了观察者对该主体的其他特征或品质的认识，而被突出的这一方面演绎、扩张开来形成晕轮的作用。晕轮效应促使人们对认知对象被标明是“好”的，他就会被“好”的光环笼罩着，并被赋予一切好的品质；如果认知对象被标明是“坏”的，他就会被“坏”的光环笼罩着，他所有的品质都会被认为是坏的。

《韩非子·说难篇》中，记载了这样一个发人深省的典故。在春秋时代，卫国有一个美男子叫弥子瑕，后来，他成为卫灵公的亲信大臣，并深得卫灵

公的宠幸。有两件事能够反映出卫灵公对他宠爱的程度。

其一，是“私车门”事件。有一次，弥子瑕的母亲生病了，弥子瑕情急之下假传君令，让车夫驾着卫灵公的马车送他回家探望自己的母亲。按照当时卫国的法律规定，私乘君王座驾者应受断足之刑。可卫灵公得知此事后，不但没有加罪于弥子瑕，反而称赞：“弥子瑕竟然冒着断足之刑的危险，执意去看望母亲，真是难得的孝子啊。”

其二，是“余桃门”事件。有一次，两人一起在桃园，弥子瑕随手从树上摘下一只桃子大口吃起来。吃到一半的时候觉得好吃，便随手把剩下的一半递给了卫灵公吃。卫灵公接过桃子不假思索地吃了起来，还得意地说：“你能忍受好吃的诱惑，把它分享给我，可见你对我的尊重之情呀。”

有效的运用晕轮效应，可以建立良好的人际关系，有利于社交活动的完成。在人际交往中，想要成功地利用晕轮效应，应从以下几个方面做起。

1.与他人交往时，强化自己的第一印象

想要在社交场上，给他人一种好的感觉，女性朋友们首先应从仪表入手。打造出自己完美的形象，利用自己良好的仪表，来吸引他人的注意力，给他人留下一个好的印象。这里的完美形象包括精致的妆容、得体的穿着、优雅的谈吐和良好的仪态。这些是取得成功的第一步，也是很关键的一步。

2.在社交场上，展现自己的优点

想要取得社交的成功，光靠仪表是不够的。女性朋友们还要具备相应的内在美。这里的内在美包括：幽默、善良、健谈、坚韧等，这些能够反映你内在品质的东西，更能为你完美的形象增加分数。女性朋友们，与他人交往的时候，可以把自己细心、善良、温柔的一面向对方表达出来，这些内在美和良好的仪表加在一起，一定可以打动他人的心，加强正面的晕轮效应。

在社交场上，如果女孩能够有效地利用晕轮效应的话，就可以与周围人建立良好的人际关系，并出色地完成社交活动。

把自己的思想悄悄地灌输给对方——暗示效应

在无对抗条件下，用含蓄、抽象、诱导的方法使人们按照一定的方式去行动或接受一定的意见，使其思想、行为与暗示者的期望相符合，这种现象称为“暗示效应”。

有一年夏天，曹操率领部队讨伐张绣，天气热得出奇，部队在弯弯曲曲的山道上行走，到了中午时分，士兵的衣服都湿透了，行军的速度也慢了下来，有几个体弱的士兵竟晕倒在路边。

眼看行军的速度越来越慢，曹操担心贻误战机，心里很着急，脑筋一转，他想到一个好办法。他快速赶到队伍前面，用马鞭指着前方说：“士兵们，前面有一大片梅林，那里的梅子又大又好吃，我们绕过这个山丘就到梅林了！”士兵们一听，仿佛已经到了梅林，并已经吃到了嘴里，精神大振，步伐不由得加快了许多。

在这个典故里，曹操正是利用了心理暗示的办法，让士兵们战胜了当前的环境，最终达到目的。心理学中，这种在无对抗条件下，用含蓄、抽象、诱导的方法对人们的心理和行为产生影响，从而使人们按照一定的方式去行动或接受一定的意见，使其思想、行为与暗示者的期望相符合，这种现象称为“暗示效应”。

在现实生活中，其实人们经常使用暗示，或暗示别人，或接受别人的暗示，或进行自我暗示。暗示效应是社会生活中极为常见的一种心理现象，如果女性朋友们在社交场上能够巧妙地利用暗示效应，把自己的思想悄悄地灌输给对方，一定能促进你们的交往。

孙倩是某保健饮料的直销人员，一次偶然的机会，她认识了王敏，并得知王敏的父母身体都不太好，父亲有高血脂，母亲有高血压，王敏很关注父母的健康，经常会购买些保健品。当孙倩向王敏介绍保健饮料的一些功能和特点时，王敏委婉地拒绝了。但她并没有灰心，接着说道：“听说您的母亲

就要过70岁大寿了，人生七十古来稀，不过以您母亲目前的身体状况，就是再活30年也没问题呀！”谈到父母的话题，王敏慨叹道：“哎，人老了，即使保养得再好，也会出点小毛病。”于是孙倩就建议让他们经常做些有益的活动。听了孙倩的话，王敏感叹父母年岁已高，稍微运动就觉得累，也害怕他们万一外出会发生什么问题。

听到这里，孙倩马上告诉她，自己的产品正好可以帮她解决这个难题，并且说明了服用这种保健饮料的好处。孙倩看到王敏犹豫不决的表情，便接着说道：“我们这种产品的销量很好，现在只剩下3箱了，如果您现在不买的话，到时候想买只能等香港公司总部发货过来。如果那样的话，您一定会感到遗憾的。”听了她的话后，王敏即刻决定要购买下这些保健饮料。

孙倩正是利于心理暗示的作用，先是告诉王敏这种产品对她父母很有帮助，同时暗示产品销售很快，如果现在不买的话，有可能赶不及她母亲的70岁大寿，最终达到了自己的目的。

日常生活中，暗示的途径有很多，如语言暗示、行为暗示、表情暗示、符号暗示、情境暗示、信誉暗示等。比如，面试当中，面试人员问应聘者有什么要求时，对方做出回答后，有经验的人事工作者一般会说：“我们认为你的要求很合理，只要你能够努力工作的话，一定会实现的”等，从语言方面对面试者进行暗示，努力工作才能得到相应的报酬。又如，商家通过不定时的降价，引来更多的顾客前来购买，给人一种心理暗示，如果再不买的话，下次机会就不知要等到何时了。

无论运用哪种暗示，其最终目的是让对方按照你的思想和方式处理问题，从而顺利地完成社交活动。暗示效应在人际交往中有着重要的作用，女孩想要获得社交活动的成功，不妨把暗示效应合理地运用到社交活动中去，一定会得到意想不到的惊喜。

改变自己在别人心中的坏印象——近因效应

女孩不能因为已经给他人留下了好的印象，就毫无顾忌，想要获得交际的成功，要继续保持一贯良好的形象，甚至要比以前做得更好。

在人际交往中，首因效应可以帮助女孩在社交活动中，给他人留下良好的第一印象，有助于社交活动的顺利进行。但是，如果有人认为有了好的印象，从此以后就可以无所顾忌的话，那就大错特错了。心理学的研究表明，与他人交往中，交往的初期，即在延续期，双方还处于生疏的阶段，首因效应的影响很重要；但是在交往的后期，也就是在双方已经相当熟悉的情况下，近因效应的影响也同样重要。

所谓近因效应，是指在对事物认知或形成总体印象的过程中，新近获得的信息比原来获得的信息影响更大的现象。在人际交往中，近因效应所形成的印象应该是“最后印象”，在相互熟悉的情况下，“最后印象”往往是最能表现人与人之间的关系状态的。因此，女性朋友们，与他人交往中，想要保持良好的人际关系，要注意维护在他人的心目中的“最后印象”。

事物都具有两面性，既然在人与人的交往中，近因效应可以替代先前留下的印象，那么，如果能巧妙地运用近因效应，也可以改变自己在他人心目中的坏印象，重新为自己树立新的形象，这同样有利于社交活动的完成。

某太阳能企业招聘总经理助理，许多人前去面试。经过初步的面试后，最后只剩下几位各方面条件都比较优秀的人。公司安排过几天进行复试，由总经理亲自主持。复试那天，赵勇做好了充分准备，本打算好好发挥一下，谁想半路上遭遇堵车，等他到达目的地的时候，面试已经开始了。看着复试的人一个个精神抖擞的样子，再看看自己，由于刚才的奔跑，现在正气喘吁吁，满脸通红，头发也被吹得乱糟糟的，他有点灰心了。没过多长时间，就轮到他了，他径直走进了办公室。王总抬头看了一眼赵勇，眉头稍微皱了一下，满脸疑惑地问道：“你是研究生毕业？”赵勇给人的第一印象，让王总对他的学历都起了怀疑。他有些尴尬地点头说："是的。"心存疑虑的王总又提出了几个专业性很强的问题，对王总提出的问题，赵勇有条有理地做了详细解答，说得头头是道。最终，等到他回答完毕，王总出人意料地当场宣布录用他。

后来，赵勇的表现很是让王总满意，有一次出差的路上，当王总向赵勇说："想起当初面试你时，你差一点就被淘汰了。当我看到你的第一眼，你哪里像个研究生，不过正是你后面的表现，让我对你有了不同的看法，才决定录用你。"听了这些，赵勇感激地点了点头，他觉得正是近因效应帮了自己的忙。

在这个案例中，赵勇给对方留下了不好的第一印象。但是在接下来的面试中，他静下心来，认真细致地回答对方提出的问题，把自己真实的能力展现出来，又给对方留下了良好的印象，让对方最终决定录用他。所以在人际交往中，如果你给他人留下了不好的第一印象，也不用害怕，你可以尝试运用近因效应，改变先前的不好印象，重新给对方留下美好的印象。

那么，在社交场上，如何有效地运用近因效应呢？

1.维护好自己的良好形象

给他人留下良好的形象不难，难就难在如何保持他人心目中的良好形象。因此，无论是处于社交初期，还是延续期，女孩都要注意自己的一言一行，要做到仪容优美，举止优雅，谈吐不俗。女孩不能因为已经给他人留下了好印象，就毫无顾忌，想要获得交际的成功，要继续保持良好的形象，甚至要比以前做得更好。

2.改变自己的形象

与他人交往中，女孩一旦不小心给他人留下不好的形象，在接下来的交往中，就要尽可能多地展示你的优点。让对方更多地看到你的优点，从而在对方心目中重新树立起良好的形象，就能获得对方的认可。

3.拓宽自己的知识面，提高自身的能力

在人际交往中，女孩想要树立良好的形象，单单依靠外在形象，还不能解决问题，而更应该注重自己的实力。女孩要在日常生活中，拓宽自己的知识面，通过展示自己的能力，让对方发现你的优点，从而取得交际的成功。

在人际交往中，女孩如果能够准确地掌握好近因效应，扬长避短，就能更好地使社交活动顺利进行。

大方地把优越感让给他人

向他人示威，有时很容易做到，而放低位置，降低姿态，向他人“示弱”却相对要难得多，尤其是适时适度地“示弱”更难。

李康《命运论》曰：“木秀于林，风必摧之；堆出于岸，流必湍之；行高于人，众必非之。”人与人交往中，嫉妒心理不可避免。无论是强者还是弱者，都有超越别人获得心理优越感的需求。女孩如果能够把握时机，适时地把优越感让给他人，学会适当地向他人示弱，就可以令弱者从中获得慰藉、平衡，有效地减少他人的嫉妒心理，从而建立良好的人际关系。

在与人交往中，如果你只顾自己高兴，忽略了他人的感受，就可能会伤害他人的自尊，破坏对方的心理平衡，从而引起他人的嫉妒心理，人为地增加事业发展的阻力，甚至会经受来自某些人的打击、报复、刁难和指责。因此，社交活动中，适当地示弱，可以有效地博得他人的同情与帮助，有助于社交活动的完成。

苏静和李雪刚开始是一家大公司的普通员工。两人关系特别亲密，几乎无话不谈。在别人看来，她们俩就像亲姐妹一样。可是后来，苏静因为表现好，荣升为公司的高级雇员。本来是挺高兴的一件事儿，却让苏静感到很郁闷，因为自从她升职后，她和李雪之间好像没有以前那么亲密了，甚至，她明显感到李雪在有意疏远她。

刚接手新的工作，本以为大家会像以前那样，共同合作，可谁承想现在别人都不愿意配合自己的工作，甚至还有人落井下石。最近还听到背后有人对她议论纷纷，刚开始的时候，只是借一些穿着打扮来讽刺她，可是不久之后，这种讽刺升级为谣言和诋毁。说她要不是和某某人有什么不正当的关系，就凭她，怎么可能被提拔。听到这些后，她觉得委屈和难过，自己走到今天这一步,那是经过自己的辛苦劳动换来的,平时大家都不愿意干的活儿,都是她来做,每天第一个来,最后一个走,到头来连李雪也和自己疏远了,她不明白自己到底做错了什么,也不知道该怎么做。她最后不得不离开这个公司,去别的地方发展。

在现实生活中,有些人有一种“我和她一样,凭什么她就可以超过我,我就是不配合,看她怎么办”的心态。在以上案例中,苏静正是因为超过了平起平坐的姐妹,引起身边姐妹的嫉妒,从而给自己的社交活动带来阻碍。在与他人交往中,这样的事例很多。其实,女孩如果能够巧妙地淡化自身的优势,把优越感让给对方的话,就可以有效地减少别人的嫉妒,为自己的社交活动理清障碍,从而建立良好的人际关系,顺利完成社交活动。

把优越感让给他人,就是向他人示弱。向他人示威,有时很容易做到,而放低位置、降低姿态,向他人“示弱”却相对要难得多,尤其是适时适度地“示弱”更难。那么,在社交活动中,如何做才能巧妙地淡化自己的优势,减少他人的嫉妒心理呢?

1.向同级介绍自己的优势时,强调外在因素以冲淡优势

女孩在与他人交往中,如果对方与你是同一个层级,介绍自己时,要淡化自己的光芒,注重强调外在的因素如何让你获得成功,尽量不要过分强调自己的能力,否则会让他人觉得你高人一等,聪明能干,招致嫉妒,为自己的社交活动带来阻力。

2.向弱者表达自己的优势时,重点强调自己经历的曲折与坎坷

与他人交往中,如果遇到比自己差的人,女孩不能毫无顾忌地信口开河,有意向对方制造一种光辉的形象。这时候,你更应该平心静气地讲述自己难堪的经历和失败的记录以及现实的烦恼。让对方知道自己也有过曲折经历,让对方在情感上获得慰藉,心理上获得平衡。同时也可以激起对方奋斗的勇气,这样才能与周围的人建立良好的人际关系。

3.与强者交往时,更应该表现出自身劣势

同情弱者是人的本能,因此在人际交往中,特别是与强者交往时,如果你能够把自己目前所处的艰难局面展现出来,可以有效地获得别人的同情与帮助,从而有利于社交活动的进行。

嫉妒是人的天性，聪明的女孩明白，在获得优越感的时候，及时有效地化解他人的嫉妒之情，淡化别人的嫉妒心理，将有利于促进人际关系的建立，为自己社交活动的成功创造更有利的条件。同样，当我们身边的人，取得成功时，我们应该衷心祝贺，尊重对方的成就，虚心向对方学习，争取早日获得更大的成功。

先抑后扬的增减效应

对别人进行肯定或否定、奖励或惩罚的时候，如果能够采用先否定后肯定的方法，先降低别人的心理期待，再超出他的预期，则会更容易赢得别人的好感。

关于“朝三暮四”的故事：战国时期，宋国有个老人养了一群猴子。每天他都会给这群猴子分一些栗子。每只猴子每天两次，每次给四颗。几年以后，他养的猴子数目越来越多，于是，他就想把每天的八颗栗子改为七颗。于是他对猴子说：“从今天开始，我每天早上照常给你们四颗栗子，晚上给你们三颗栗子，不知道你们同不同意？”猴子听了，都不能接受，吱吱地叫起来，跳来跳去。怎么办好呢？老人灵机一动，连忙改口说：“要不，我每天早上给你们三颗，晚上再给你们四颗，大家看怎么样？”猴子一听，都高兴得在地上打起滚来。

在故事中，老人每天给猴子的栗子总数没有变，还是七颗。可是给的顺序不一样，得到的结果却不一样。先给多一点，后给少一点，猴子们接受不了；先给少一点，后给多一点，猴子们却欣然接受。在人际交往中，这种心理现象很普遍。如果一开始就给某人很好的待遇，当不好的待遇来临时，对方会觉得不满足，反之，则会感到满意。人们把这种反应称为“阿伦森效应”，也称为“增减效应”。

在人际交往中，从肯定到一般再到否定，这种递减会导致一定的挫折心理。一次小的挫折每个人都能够平静地接受，然而，随着肯定逐次递减，甚

至变为责罚，这种挫败感就会陡然增加，以至于不能被大多数人接受。相反，如果在对别人进行肯定或否定、奖励或惩罚的时候，能够采用先否定后肯定的方法，先降低别人的心理期待，再超出他的预期，则会更容易赢得别人的好感。

那么，在日常交往中，应该如何运用这种定律呢？

1. 如果想让别人感觉良好时，可以运用这个定律

在人际交往中，如果对别人既有肯定又有否定，不妨先从否定说起，否定说在前面，肯定说在后面。这样一来，对方能够记清楚的是你的肯定，可有效地淡化你的否定，容易让别人自我感觉良好，有利于人际关系的建立。

刘蕾是一家汽车公司的销售员，她以往每个月的销售量都超过30辆，总排在公司第一名，因此深得销售经理的器重。可是，最近一段时间，受金融危机的影响，汽车行业也不景气，她的业绩开始走下坡路。据她估计这个月能够卖出去10辆车就不错了。于是，她趁汇报工作之际，把当前的经济状况做了分析，又和经理谈到目前的汽车市场萧条，最后她告诉经理，这个月能卖出去5辆就不错了，经理觉得她的分析很有道理，并点头赞成。可是到月底的时候，她竟然销售了12辆汽车。按照以前的预计，已经超出很多，经理惊喜万分，对她极力夸赞。

刘蕾巧妙地利用了"增减效应"，在业绩处在滑坡时，还能成功得到领导的赞赏。试想一下，如果当初她没有及时地把目前的局面去向领导反映，而只卖出12辆的话，无疑是业绩下滑了，她还能得到领导的夸赞吗？聪明的刘蕾先将最糟糕的情况——最多卖5辆车，事先报告给经理，使经理的心理期望值降了下来。那么，当超过这个心理预期值时，经理就会觉得下属已经在努力完成任务，不但心情不错，还会对下属给出好的评价。因此，女性朋友们，在社交场上，可以借助于这种模式，让别人感觉良好，同时为自己获得好评。

2. 如果想让别人对我们感觉良好时，可以运用这个定律

如果想让他人肯定我们，首先要降低对方的心理期望值。与他人交往时，有把握的事情，也不能把话说得太绝对，以防出现意外，造成他人极大的心理落差。所以，在人际交往中，要想别人对我们有好感，可先给对方承诺比较容易实现的事情，以降低对方的心理期待，如果你最终成功解决问题的话，他自然会对你产生好的感觉。反之，可能会让对方认为你没有努力、不用心或者是故意这样做等。给他人带来不好的印象，也会为你以后的社交带来不利的因素。

在人际交往中，如果能够准确地运用增减效应，你同样也可以在不利于自己的因素下，得到他人的好评与认可，从而获得社交活动的成功。

从对方最感兴趣的东西入手

女性朋友如果能够找到对方感兴趣的东西，并投其所好，更容易获得对方的认可和赞同，并能达到事半功倍的效果。

在与他人的交往中，如果能够迎合对方的兴趣，找到对方感兴趣的话题，引起对方的说话兴致，就会有利于社交活动的顺利进行。相反，如果不顾及他人的兴趣和爱好，提不起对方的谈话兴致，社交活动就很难进行。

那么，如何准确把握对方的心理，找准对方的兴趣和爱好呢？

1.语言上，引导对方谈论一些涉及个人喜好的话题

在与对方谈话时，涉及面要广，如最近的新电影、流行的音乐、最新的股市、餐厅的招牌菜等，并专心地倾听对方的话语，从中找到关于他兴趣的有效信息。这样一来，既可以得到有效的信息，又可以表现出你对他的尊敬，还可获得对方的好感。

2.行动上，要投其所好

当我们得知他人的兴趣和爱好时，可以选择恰当的表现方式，来表达自己的尊敬与赞美之情。无论是日常生活中的普通交往，还是商业上的谈判推销，只要能够找到对方的喜好所在，然后投其所好，就可以让对方倍感愉悦，从而使社交活动顺利进行。

王辉是一名红酒推销员，最近他发现知春路有一家名烟名酒店，店面装修精美，生意很好，主要是与附近几个大型企业挂钩。他立刻向领导汇报，领导告诉他，那家店小李已经去过几次了，可是老板很难搞定，根本不给他开口的机会。但王辉并没有灰心，他决定亲自去看看。

第二天一早，店里就有几个客人在看酒，老板正在与顾客商谈，王辉独自在店内观察。这时，他发现店中间有一张象棋桌子，已经摆好棋局，似乎等着人下呢，他猜想老板一定喜欢下棋。他突然眼前一亮，茅塞顿开！等老板忙完后，还没等王辉开口，老板就开始拒绝。王辉耐心地笑笑，“老板，我今天不是来推销酒的，我是专门来找你下棋的，听说您的水平很高，正好今天没事，想和您杀两局，我可也是学校里象棋协会的秘书长哦！”老板一听，顿时满脸含笑。两人二话没说，连杀三局，结果是老板三局两胜。这时王辉的手机响了，他借故离开了，临走时，老板约他明天早上继续在这里下棋。

次日，王辉故意不去，等到老板打电话来时，他推说自己这几天任务重，改天有时间再去下棋。于是老板为了想下棋，顺理成章地提出帮王辉的忙。如此一来，根本不用王辉开口，就顺利地完成了任务。

这个案例中，王辉借助于王老板喜欢下棋的爱好，成功地征服了名烟名酒店的老板，从而完成自己的社交任务。由此可见，如果能够在社交活动中，找准对方的兴趣，从兴趣入手的话，一定可以征服对方，为社交活动的顺利进行推波助澜。

3.态度上，要根据对方的脾气秉性行事

在与人交往时，不能总依着自己的说话方式做事，对那些喜欢别人称赞的人，你不妨多说几句夸奖他的话；对那些喜欢出风头，乐意给别人出主意，认为别人请教他是对他的尊重的人，你不妨说一些自己遇到的难题，向他求助，让他给一些建议。这样他很快就会信任你，对你产生好感。

总之，在日常的交往应酬中，要尽可能地针对对方的爱好、兴趣，投其所好，以此来调动对方的积极性，从而达到自己的目的。

下篇

与各种人交往的心理技巧

第 7 章

女孩的交际带着芬芳，将心比心坦露你的真诚

人们常说，女人交友如做菜，菜好不好吃主要在下盐的多少，而女人交际的成功与否要看你能否把握好“与什么样的朋友说什么样的话，什么时候需要夸赞你身边的朋友，什么时候又需要在交际往来上适可而止等问题”。总的说来，与人交往要心存仁爱，古人云：“爱人者，人恒爱之”，抓住了这一点，聪明的女人，就可以交到更多更好的朋友。

善待朋友

当女孩内心感到寒冷的时候,朋友就是互相拥抱着取暖的伙伴;当女孩感到寂寞的时候,朋友就是排解忧伤的倾听者。

女孩天生害怕寂寞,然而每个女孩的内心又都深藏着一段寂寞以及与这段寂寞相伴相随的忧郁与感伤,因此女孩有时会比男人更加需要朋友。尤其是当爱情还没有来临或是在爱情中受到了种种伤害之后,此时女孩的友情就显得更加重要。事实上,很多时候,友情比爱情更加稳固,真正的朋友对你总是不离不弃。所以,一定要善待自己的朋友。

有人说,女孩对男人只能产生爱情,说这话的人大多是不甚了解女孩的人。有的男人总以为和女孩在一起,只能谈好看的衣服、孩子、明星的娱乐八卦、哪家商场打折、哪家超市有特价这些琐碎的事情。其实,女孩的友谊并不是这么肤浅简单的。女孩与他人交往时,往往在第一个照面之后就可以相互判断出对方是否能够成为自己的朋友,言谈举止、穿着打扮、神情风度等这些小小的细节都可以成为彼此衡量的标准。一旦琴瑟相和、格调相同,她们就会笑脸相迎,嘘寒问暖,并且很容易便会成为好朋友。当女孩内心感到寒冷的时候,朋友就是互相拥抱着取暖的伙伴;当女孩感到寂寞的时候,朋友就是排解忧伤的倾听者。同时,她们也会做朋友的伙伴和倾听者,这就是女孩的友情。女孩的友情没有男人与男人之间的两肋插刀,也不会脸红脖子粗地互相争论政治见解或是绿茵场上的事,有的只是心与心的沟通和情感上的交流,是彼此心灵上的知己。所以女孩的朋友往往比男人的朋友更加亲密、更加重要,毕竟人这一生需要两肋插刀的时候并不多,需要相互沟通交流的时候却很多。所以,女孩一旦与他人成了朋友,就要珍惜这份友情,真心地对待每一位朋友。

当然,善待朋友也是有技巧的。

1.学会倾听

一般而言,女孩都是喜欢诉说的,但有时女孩也要停下来听听朋友想对自己倾诉些什么。很多时候,朋友间的诉倾衷肠,并不一定是他或她有什么自己不知道该如何是好的事或是有什么事需要你的指导,多半仅仅只是想要找个人说一说。这个时候女孩要学会尽量多地倾听,少发言,要做一个朋友情感和秘密的收集箱,等朋友说够了、离开了,你把这个箱子的口密封好,这就够了。不要只是让朋友做你烦心事的倾听者,当朋友有郁闷的事时,要学会做一个安静的倾听者。有时候,倾听是对朋友最好的帮助。这会使朋友之间的情感更加稳定,也是友情最舒服的表达方式。

2.保持合理的距离

几个朋友在一起时,女孩要学会尽量做到一视同仁。不要使朋友们感到你有明显的亲疏之分,不要冷落这一个也不要对另一个太热情,女孩通过这样的手段来展示自己与谁的友谊更深厚是种幼稚的行为。要知道很多事情是需要用软手法才能做到的,如果不加掩饰就会让人显得缺乏教养,甚至让人当众下不了台。在与朋友交往中,要热情诚恳,但也要有礼有度,保持合理的距离。合理的距离是女孩与朋友之间友情延续下去的基本前提,也是你对每一位朋友表示的一种尊重。

3.不要因为爱情而淡忘了友谊

人们常说,有人的地方就有友情,有男人和女孩的地方就会产生爱情。但如果女孩为了爱情毁了友情,那就有点得不偿失了。而许多女孩有了爱情之后,不是因为种种原因毁了友情就是渐渐淡忘了友情,这么做对女孩来说是一种莫大的损失。因为友情可以毫无功利地接受你最脆弱时的眼泪,也可以平静地安抚那个崩溃不堪的你。女孩与爱人之间稍不留意便会发生由爱生恨的事。因为爱情如火,有热情也有危险,但是友情则如杯中之水,安静且稳定。所以聪明的女孩,无论你有没有爱情,都要珍视自己的友情,善待自己的每一位朋友。因为,友情是人与人之间情感的最简单的需要。

俗话说,多个朋友多条路。当你爱情不在时,当你生活不顺时,最需要的往往是朋友伸出的援助之手。所以当朋友需要帮助时,你也要尽力帮助他们。聪明的女孩,要学会善待自己的每一位朋友,善待朋友就是善待自己。

倾听是一种有效的沟通

上帝赐予人一张嘴，却给了人两个耳朵，就是为了让人们能够倾听得多一些。倾听是成为一个受欢迎的女孩的前提，是一个交际高手必备的本领。

古希腊有一句民间谚语："聪明的人，借助经验说话；而更聪明的人，根据经验不说话。"

人们总是认为，交际场上能说会道的人才是善于交际的人，其实善于倾听的人才是真正会交际的人。有时候，不说话往往比说话更重要。

一般而言，会倾听的女孩会比其他人更容易结交到知心的朋友。因为，大部分人在与他人交流的时候最想做的就是倾诉。同样，作为女孩的你，在生活中也一定会遇到需要向朋友倾诉的时候。所以如果现在你的身边还没有肯倾听你诉说的朋友，那么很有可能是你给他人诉说的机会太少了。找个时间，听一听你身边朋友们的心声，这样你们之间的友谊一定会更进一步。

生活在都市中的人们，生活和工作都很紧张、忙碌，每个人都渴望向朋友倾诉自己的一些心事，然而善于倾听的人却并不多。上帝赐予人一张嘴，却给了人两个耳朵，就是为了让人们能够倾听得多一些。倾听是成为一个受欢迎的女孩的前提，是一个交际高手必备的本领。聪明的女孩要学会用这种无声而又最有效的方式与自己的朋友进行沟通。

小雪刚刚到一家电话公司做调解员，谁知她上班第一天就遇到了一个前所未有的挑战——她要去回访一位已经上了公司黑名单的投诉客户，并且要回她所欠下的巨额话费。一个月以来，公司派了好几位调解员到她家中去索要欠费，但都未成功，这位满腹牢骚的顾客不但拒交话费，还经常态度刁蛮的咒骂调解员。此外她还多次写信给报社提出投诉，致使这家电话公司接收的投诉比平时多出好几倍。

接到任务后，人人都为刚刚工作的小雪捏了一把汗，然而小雪却自信满满地踏进了这位客户的家门。就在三天之后，这位有名的刁蛮客户不但交了欠下的巨额电话费还和小雪成了好朋友，这令整个公司的人都感到惊诧，

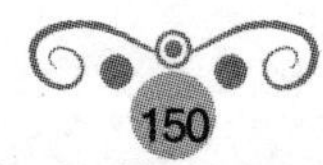

纷纷到小雪这里来讨经验。小雪微笑着将她完成工作的整个过程毫无保留地告诉了她的同事们。

原来小雪是这样做的:

第一天小雪踏进了客户家门之后,几乎什么也没有说,只是做了一个安静的倾听者。最初当她刚刚说明了自己的身份之后,就被那位客户劈头盖脸地臭骂一通,然而小雪并没有离开,而是静静地听着。后来这位客户也明白了,她骂的是电话公司,并不是小雪,没必要向一个刚刚参加工作的小姑娘大发雷霆。于是她开始向小雪倾诉,倾诉自己长时间来对电话公司的种种不满。整个过程中小雪几乎没有说什么话,只是很诚恳地听着她的诉说。直到四个小时后,她结束了自己的抱怨,小雪才离开了她的家。在倾听的过程中,小雪了解到,原来这位客户不交电话费其实并没有其他原因,仅仅只是对服务不满意而已,于是她决定继续做一个倾听者。

小雪第二天踏进那位客户的家门后,又整整地听了她三个小时的抱怨,与上次不同的是,这一次她除了抱怨之外,又提出要成立一个"电话用户权利保障协会"的想法,对此小雪深表赞同,并答应做她的第一个会员。这一次交谈之后,这位客户觉得自己与小雪的距离仿佛近了许多,小雪不再仅仅是那个她仇视的电话公司的员工,更像是她生活中的一个朋友。

直到第三天拜访这位客户时,小雪才道出了自己的来意——收电话费。正如小雪意料之中的那样,这一次这位客户没有了之前的剑拔弩张,而是和和气气地交出了欠下的全部费用,并主动撤销了以前对这家电话公司的投诉。原来她早已被小雪的真诚深深感动了,同时也被小雪所代表的电话公司的服务所感动了。之后,小雪成了这位客户家中的常客,没事的时候她就喜欢向小雪倾诉一下自己在生活中所遇到的种种牢骚与抱怨,和小雪说一说,她觉得生活一下子变得轻松了许多。

每个人在生活中都难免有不满、有牢骚需要倾诉,其实故事中的这位客户所有的不满就是没有一个人肯静下来听一听她的想法与心声,所以在小雪之前的那些调解员才会一次次的失败。而小雪的成功就恰恰在于她真诚的倾听,就这样一个看似很麻烦的问题很快便解决了。不仅仅是在这个故事中,在日常生活中也一样,做一个会倾听的女孩,少说一点,多听一听,有时候人与人之间的沟通其实就是这么简单。

也许有人会说,倾听他人的诉说是一件很花时间而且很烦的事,其实换个角度想,有人向你倾诉却是一件很幸运的事情。有朋友向你诉说,说明你的朋友把你当作可以敞开心扉的人,通过倾诉,你们可以加深了解,关系会变得更融洽亲密。换句话说,如果周围的亲朋好友在面对你时都讳莫如深,那么你一定会感到非常孤独。

当然,在倾听中也有一些小小的细节需要注意。

1.保持客观的心态

当一个朋友向你诉说的时候,他的心情不是很激动就是很纠结抑郁时,这个时候作为一个倾听者要使对方平静下来,这就需要作为倾听者的你处于比较冷静、客观的状态。你的冷静、客观会使他激动的情绪很快平复。世界上许多傻事都是在人们情绪激动的时候做出来的,如果那些人在做出不合常理的事之前,有一个人能够静下来倾听一下他们的真心话,也许世界上许多悲剧便可以避免,这就是倾听的力量。

2.为朋友保守秘密

人与人之间之所以能够成为朋友,有一个最基本的前提,那就是诚信,当一个朋友很信任你并将他的心里话向你诉说之后,你要做的最重要的一件事就是为他保守秘密,这样你们才可以成为真正的好朋友。倾听是为了更有效地沟通,而朋友间沟通的目的就是为了要增进友谊。特别是故意泄露朋友的秘密,只会毁掉你们的友谊。

张爱玲在小说《倾城之恋》中说过,整个世界像无数打开着的留声机,各自唱着各自的唱片,各自发着各自的声音。然而当大家都在说着的时候,人与人之间却停止了沟通,因为没有人能够停下来去倾听他人。而倾听他人才是最有效的沟通方式。其实,世界上从来都不缺少声音,缺少的只是倾听的耳朵。所以做个会倾听的女孩,你才会拥有更多的朋友。

如何让人情适可而止

一个百万富翁拿出来的一千元钱，并不见得比你这个月薪只有千元的人拿出的一百元更有诚意。

与朋友相处难免会有“人情”这件事，有时候人情是件好事，但是太多了就会成为一件很累人的事，尤其是对于那些爱面子的女孩来说。所以，女孩与朋友间的人情要适可而止。

“金钱债好还，人情债难还”，相信这是一句许多人都深有体会的话。但是许多女孩却又深陷在人情债之中不能自拔，究其原因往往是因为“不好意思”。

林林是一个刚刚参加工作的女孩，毕业之后不久，那些高中和大学同学们结婚的消息便纷纷传来，多的时候她一个月要参加两三次婚礼，这实在是一件令林林很头痛的事。刚刚参加工作的她本来就没有什么积蓄，这些没完没了的婚礼更增加了她的经济负担，但是面对那一张张幸福的笑脸，再想起从前与这些朋友间的人情往来，她又怎么好意思不去参加呢？为此她经常是这个月的工资刚刚发下来就已经没有了，全部都做了朋友们婚礼的“份子钱”。其实，她也想只给一两百元就可以了，但是面对其他朋友们那一份份厚厚的礼包，她实在不好意思只送出那轻飘飘的一两张纸币。就这样林林的口袋越来越拮据了，到后来她连买新衣服的钱都没有，更不要提交男朋友了。那天她参加完朋友的婚礼后，一个人走在回家的路上，秋风吹起，路两旁家家户户灯光明亮，只有她一个人钱包空空、灰头土脸。思前想后的她不禁悲从中来，“唉，都是那些该死的人情惹的祸！”

其实朋友之间的交往大可不必如此痛苦，接到朋友的结婚喜讯，用一份小小的礼物表示一下自己的心意就可以了。尤其是像林林这样的情况，自己本身收入就不多，却要用这仅有的工资去交那些没完没了的“份子钱”，实在是得不偿失。友情原本是会给人带来温暖的，结果却变成了让林林疲惫不堪的恼人之事，如果她的朋友知道了她的真实情况也会于心不忍吧？如果一分友情的薄厚需要用人情往来以及礼金的多少来衡量,那么这样的友谊是不是太可悲了呢?

作为女孩,如果你也遇到了故事中林林这样的事,大可以向你的朋友说明你的情况,然后量力而行,适可而止。情谊的轻重,并不在于礼物的轻重。一个百万富翁拿来出来的一千元钱,并不见得比你这个月薪只有千元的人拿出的一百元更有诚意。如果你的朋友不理解你,那么这一百元也根本不必送出,因为她要的不是你的祝福而只是你手里的钱。这样的人能够成为你危难时刻的真朋友吗?

人们常说“君子之交,其淡如水”,真正的友情就应当如此。这其中淡的是所谓的人情往来,而浓的是朋友间真正的友情。

《世说新语》中有这样一个故事:

居住在山阴的王子猷,有一天晚上从睡梦中醒来,听到外面刮着大风雪的声音,这时候他忽然想起了他的好朋友戴逵,很想在这个风雪之夜与朋友对饮炉边。于是他便唤起了家中的仆人带上酒去找戴逵,当时戴逵远在曹娥江上游的剡县,于是他便连夜乘坐着一只小船迎着大风雪前往。一路上风大雪大,他经过了一夜才赶到。但是当他来到戴逵的家门前时却又突然转身返回。仆人看到自己主人的行为感到很奇怪,于是便问他为什么不进去,谁知王子猷却说:“我本来是乘着兴致前往,兴致已尽,自然返回,为何一定要见戴逵呢?”

这就是历史上有名的《雪夜访戴》的故事。相信戴逵听到了好朋友在大风雪之夜突然想到自己时也一定会很感动吧!即使他并没有喝到王子猷带来的那瓶酒。真正的友谊应当如此,朋友与朋友之间未必有真正的礼物往来,但却保存了浓浓的情谊。这就是真正的君子之交。

魏晋人物的风流洒脱也许对今天的人而言的确有一定的难度,但是只要记住人情往来的最终目的是为了传达一种朋友之间的情谊,同样可以很好地把握适可而止的“度”。

在交际中把握礼来礼往

礼物表达的是一份心意，不一定非要选择价格昂贵的物品，俗话说“最贵的不一定是最好的”。

在中国，逢年过节、求人办事都讲究送礼。古人云：“礼尚往来，往而不来，非礼也；来而不往，亦非礼也。”虽然这里的礼字不单单指送礼，但也说明了礼物、礼品在人际交往中的重要作用。在生活节奏如此之快的今天，亲朋好友之间可能联络较少。借着节日送些礼物给亲人和好友，既能表达自己的关爱之情，也是联络感情的好方法。

如今，无论是走亲戚，还是参加好友的婚礼、生日宴会，或者是对自己喜欢和尊敬的人略表心意，都需要我们多了解一些有关礼物方面的知识，这对以后的生活和事业都会有很大的帮助。

送礼物表达的是一份心意，不一定非要选择价格昂贵的物品，俗话说“最贵的不一定是最好的”。如果你的礼物是亲手制作或者精心选择的，一定可以得到别人的认可。在选择礼物的时候，首先要了解对方的基本情况，有针对性地选择礼物，要根据对方的爱好和禁忌送礼，结果才能皆大欢喜。

一般送礼都选择在家里或聚会等比较方便的场合，慎选大庭广众的公开场合，以免落人口舌。送礼时，言谈举止要得体，语言表达要恳切。

中国人送礼有很多忌讳，这里也要了解一下。例如，中国普遍有“好事成双”的说法，因而凡是大贺大喜之事，所送之礼，均好双忌单。但广东人则忌讳“4”这个偶数，因为在广东话中，“4”听起来就像是“死”，是不吉利的。再如，白色虽有纯洁无瑕之意，但中国人比较忌讳，因为在中国，白色常是大悲之色、贫穷之色。同样，黑色也被视为不吉利，是凶灾之色、哀丧之色。而红色，则是喜庆、祥和、欢乐的象征，受到人们的普遍喜爱。另外，中国人还常常讲究给老人不能送钟表，给夫妻或情人不能送梨，因为“送钟”与“送终”，“梨”与“离”谐音，是不吉利的。还有，不能为健康的人送药品，不能为异性朋友送贴身的用品等。

如果你是去看望父母亲和长辈，可以买些水果、点心和保健品，对老人而言，最重要的就是健康。

如果你是去看望上司或领导，带些有文化气息的东西比较好，当然还要看这位领导的具体喜好，灵活应变。

如果你是去看望一位生活比较拮据的下岗职工，你给他带去名贵烟酒，不如带去两壶食用油，这对他来说更为实际。

如果你是去看望恩师，带上一幅品位高雅的书画或者工艺品，想必老师一定会格外珍爱。

如果你是去看望病人，可选送一些山茶、月季、米兰、菊花、水仙、百合花等鲜花和营养品，以示慰问。

送给少年儿童的礼物，可选一些能给孩子们增长知识，对开发智力有益的少儿读物；或选送一些能丰富少儿生活想象力的新颖玩具。

礼物虽然可以因人而异，但有些公认的原则还是需要大家注意的：

送给别人的礼物，应该也是自己喜欢的，如果是连自己都不喜欢、看不上的东西，怎么能期待别人喜欢呢？如果你把一些自己不用的东西当作礼物送给别人，必然会让对方产生反感，敏感的人会以为你是在施舍。

出差或外出旅行时，最让人头痛的问题就是回来时给亲朋好友带的礼物。由于可以使用的预算有限，自然不可能赠送给每一个认识的人。此时你可以这样做，赠送几个关系比较亲密的朋友精挑细选的、针对个人性格特点的礼物，再送其他人一份薄礼。这样既能做到人人有份，又可以照顾到关系好的朋友。此外，由于出差时行程一般都很紧凑，如果为了斟酌礼物内容浪费时间未免可惜。所以，可以事先就决定好买什么东西。

在当今社会，“利”和“礼”是连在一起的，往往是“利”“礼”相关，先“礼”后“利”，有“礼”才有“利”，这已经成了商务交际的一般规则。在这方面道理不难懂，难就难在操作上，你送礼的功夫是否到家，要不显山不露水，却能够打动人心。调查研究指出，日本产品之所以能成功地打入美国市场，其中最秘密的武器就是日本人的小礼物。换句话说，日本人是用小礼物打开美国市场的。由此可见，小礼物在商务交际中起到了不可估量的作用。

送给别人礼物时有可能会遇到一些尴尬的情况，我们最好能事先避免。

(1)为避免发生几年都送同样的礼物给同一个人的尴尬情况,可以每次送过之后做个记录。

(2)千万不要把以前接收的礼物转送出去或丢掉,不要以为人家不知道,送礼物给你的人会留意你有没有用他所送的物品。

(3)如果不是特别亲密的朋友,就不要直接去问对方喜欢什么礼物,一方面可能他的要求会导致你超出预算;另一方面你即使照着他的意思去买,也可能会出现尴尬的情况,例如,"我曾经见过更大一点的,大一点不是更好吗?"

(4)切忌送一些将会刺激别人情感的东西。

(5)不要打算以你的礼物来改变别人的品位和习惯。

(6)即使你比较富裕,送礼物给一般朋友也不宜太过,而是选择送一些有纪念意义的礼物较好。

(7)谨记除去价钱牌及商店的袋装,无论礼物本身是否名贵,最好用包装纸包装,有时细微的地方更能显出送礼人的心意。

别单纯追求功利性交往

从心理学的角度来讲,人与人之间交往的基本原则就是互利。但是这种互利并不仅仅是功利性的互相提携,还包括情感上的互相温暖与慰藉。作为一个生活在人与人组成的社会中的女孩,千万不要单纯追求功利性的交往。

人与人之间的交往可以粗略地分为两个基本层次:一个层次是以情感定向的人际交往,比如亲情、友情、爱情;另一个层次是以功利定向的人际交往,也就是为实现某种功利目的而进行的交往。在现实生活中,人际交往常常是这两种层次交织在一起的。如果女孩只单纯追求功利性的交往,最终只会落得孤家寡人的悲惨结果,这恐怕是谁都不愿意看到的事情。

生活在上海的冰冰是一家国内大型企业的市场部推广经理,她每天要

接触许多客户，这些客户大多数是事业有成甚至是小有名气的。工作几年以后，她建立了一个很宽广的人际关系网，在她的笔记本电脑中，存储了大量客户的联系方式，手机号码、QQ 号、MSN，每一串号码背后都有一个人。每天她在这些人中应酬周旋，每天她的手机都响个不停，对每一个人她都很热情地说话。但是只有她自己知道，这些人中几乎没有一个人是她真正熟悉的朋友，大家偶尔联系只是为了工作上的事情。如果没有工作在中间，那么她记录的那些人对她来说就只是大街上的陌生人。简单来说，她与他们的联系只是为了利益上的交易。休息日，当她一个人坐在家中百无聊赖之时，那些号码以及那些号码背后呼之即应的人们对她来说没有任何意义，他们从来不是真正的朋友。深夜之时，她一个人坐在客厅的灯光下发呆，人人都知道她有一张很大的人际关系网，那上面几乎每一个人都非常优秀，但是却没有人知道她的寂寞。

其实，冰冰的人际关系网只是她的“人脉”，而这条“人脉”却并不一定就是人们常说的朋友。朋友之间尽管也会有利益关系，但更多的是人与人之间的情感，而冰冰“人脉”上的人们却只是一种经济利益之间的关系。也许凭借着经济利益的关系，这条“人脉”可以继续维持下去，但却是非常易碎而冷冰冰的。一个女孩更需要的是人与人之间的情谊，而不是这种冷冰冰的人际关系。

那么，如何才能够得到真正给人以温暖的朋友呢？其实，最简单的一点就是在朋友之间尽量不要谈到金钱利益方面的事。因为朋友之间可能会因为金钱的原因而改变关系，甚至断绝关系。但是，如果有一天你最好的朋友向你借钱，你最好抱着“不必归还”的心态，能在关键时刻帮到朋友也是一种幸福。这时候最好不要把钱看得太重，否则损失的不仅仅是金钱，还有可能会破坏双方的感情。如果是自己向朋友借钱，则一定要按期归还，宽人律己才是朋友间的交友之道，也是你与朋友建立稳定友谊的重要原则。

在中国人的思想之中，大家尽量避免与朋友产生利益联系，但是在现实的生活中，这两者却实实在在地发生着各种各样的联系。对此，作为一个女孩，最好的办法就是选择重情轻利。社会是由人组成的，人与人之间所建立的真正联系更多依靠的是情感，所以，如果你不想成为一个孤寂无亲的女

孩，最好不要采取单纯功利的交往方式。毕竟人生百年最终留在这个世界上的不是银行中的金钱，而是深藏在友人心中的深厚情感。

交际往来要把握好“度”

每个人的心里都有一块不希望被他人碰触的地方，不要因为与朋友的感情很好或是关系很近就肆无忌惮地打击朋友的自尊心，再好的朋友也禁不起这样的打击。

女孩在与朋友的交际往来中，要学会把握好“度”，所谓的“度”就是与朋友间的距离。与朋友相处即使已经建立了很亲密的感情，太近距离或是太过频繁的接触仍然会使对方产生厌烦之感。如果想要保持彼此长久的友好往来，就要学会与朋友保持合理的距离，把握好“度”。

曾经有一位心理学家做过一个关于人与人之间距离的实验。这个实验就在一个刚刚开门的图书馆里面进行，当里面只有一位读者时，这个心理学家进去选了一把紧挨着他的椅子坐下来。试验进行了近百次，对于心理学家的行为，那些并不知情的读者有的会默默地站起身换一个离心理学家较远的座位坐下来，有的则干脆离开图书馆，还有的人会用警惕的眼神看着他并对他说：“你想干什么？”虽然每一个人的表现各不相同，但有一点却是完全相同的，那就是他们都会警惕性地与他保持距离。

由此可见，任何一个人在自己的周围都会尽量保持一个属于自己的空间，这个空间就像是一个气泡，而每个人就安住在自己所建立起来的这层薄薄的气泡里。气泡之外一旦有人离自己太近，出于自我保护的目的，人们就会选择与他人保持距离。否则，他们会感到不舒服、不安全，甚至会恼怒起来。

也许有人会说，那些读者选择离开是因为实验中的心理学家与他们并不相识，其实朋友之间也是一样的，任何人身边的那层“气泡”被打破都会感到不愉快。有位名人曾经说过：“朋友之间保持一定的距离，会使友谊永存。”因此，聪明而又热衷于交际的女孩，如果你想令你的交际更加成功，如

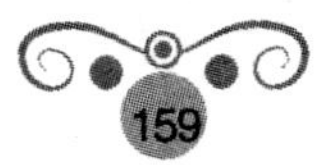

果你想与你的朋友有更加稳定的感情，那么就要学会与你的朋友保持一定的距离。当然这个距离并不仅仅是指身体上的距离，它还包括一种交际中的“度”。与朋友不要太过亲密也不要太过疏远，只是在不远不近的距离之间互相尊重着、互相欣赏着，只有这样，友情才能够真正地久天长。

那么，这个“度”又该如何把握呢？学会把握这个度其实并不难，只要注意以下几点便可以轻松交友。

1.永远不要伤害朋友的自尊心

每个人都有自尊心，每个人的心里都有一块不希望被他人碰触的地方，不要因为与朋友的感情很好或是关系很近就肆无忌惮地打击朋友的自尊心，再好的朋友也禁不起这样的打击。什么是自尊心？说白了就是“面子”，中国人一向讲“面子”，因此交际中的女孩一定要学会给朋友留“面子”，绝不能伤害朋友的自尊心，学会了这一点，就基本上学会了交际往来中“度”的把握。

露露是一个身材矮小的女孩，她最忌讳别人说她长得矮，但是越怕什么却往往越来什么。一天她与她最好的朋友小如去逛街，路上遇到了小如多年不见的小学同学，互相介绍之后，大家便没话说了，场面有点尴尬。小如为了缓解场面便想找点笑话说，但是一时又想不出什么好玩的事来，于是她便拿露露的身高来说笑话，她本以为露露和她是多年的好姐妹，肯定不会生她的气，但是几句话讲下来，不但尴尬的场面没有得到缓解，反而更加尴尬。听了小如近似嘲笑的话，露露脸气得通红，而小如的同学看到这场面更是哭笑不得，于是大家不欢而散，从那以后，露露再也没有与小如说过话，两个多年的好友就这样变成了路人。

有一句俗语叫作“不要踩到狗尾巴”，因为狗的尾巴是它身体上很脆弱很容易受伤的地方，其实每一个人也有这样一个很怕被他人“踩到”的地方，那就是自尊心，所以在与人交往中，女孩一定要发挥自己心思细腻的特长，留心观察每一位朋友，永远不要做出伤害朋友自尊心的事。

2.尊重

席勒曾经说过：“不尊重别人的人，别人也不会尊重他。”其实，与朋友交往中保持合理的距离，把握交往中的“度”，就是一种尊重。现代社会，女孩

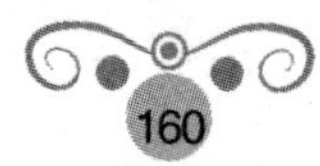

与男人,女孩与女孩之间的交往变得越来越从容,越来越自然,但是作为一个女孩,在与他人交往的过程中仍然要注意许多问题。例如,与一个非单身的男性朋友交往时,要注意保持较远的距离,这不但是对他人的尊重,也是对自己的尊重。然而与女性朋友交往的时候,也要注意距离的问题,因为女孩与女孩之间有很多共同点,但在许多事情的看法上也存在着分歧,所以要尽量多谈一些彼此共同的话题,而对那些容易产生分歧的人和事则要“敬而远之”,尽量避免与朋友进行没有必要的争论,这也是对朋友的尊重。

人们常说“距离产生美”,女孩在与朋友交际中把握好往来的“度”,也同样可以在彼此之间产生美好的感觉,让朋友和自己都感到舒适、舒服。

要学会尊重朋友

生活中有无数惹人烦恼的小事,每一件小事都有可能成为你心情不佳的原因,但却不是每一个原因都可以成为你向朋友诉苦的理由。

传说在春秋时期,俞伯牙擅长于弹奏琴弦,钟子期擅长于听音辨意。有一次,伯牙来到泰山北面游览时,看到了很好的景色,于是便停下来弹琴,这时候打柴路过那里的钟子期听到了他的琴音很好,于是停下来静静地听。俞伯牙抬头凝神于高山,并将那高山的雄伟赋意在曲调之中,不远处的钟子期听到琴音后,不禁感叹道:“好啊,巍巍峨峨,真像是一座高峻无比的山啊!”接着伯牙又沉思于流水并将其隐情在旋律之内,钟子期听后,又在一旁击掌称绝:“妙啊,浩浩荡荡,就如同江河奔流一样呀!”听到了钟子期的评论之后,俞伯牙非常高兴,两人于是结为知音,并约好第二年再相会论琴。然而,当第二年俞伯牙来找钟子期时,钟子期已因病去世了,俞伯牙痛惜伤感,难以用语言表达,于是就摔破了自己从不离身的古琴,从此不再抚弦弹奏,以谢平生难得的知音。

这是历史上有名的高山流水遇知音的故事,其实每个女孩心中都有一段心曲期待着有一天能够遇到一个钟子期一样的知音来为自己解读,然而却不是每个女孩都能够有俞伯牙那样的幸运。因此，女孩不可将自己身边的朋友想得太过理想化，不要以为你身边的他或她是上天为你一个人“量身定做”的。在这个世界上没有谁是为谁而生的，重要的是，要学会尊重朋友，关心朋友，不要处处总想着自己，那样你迟早会失去朋友。

1.向朋友诉苦要有节制

有些女孩喜欢把自己所有的不愉快都向朋友倾诉，比如今天穿了一双新鞋把脚磨破了，同事做错了事却让你背黑锅，网购买到的东西很不合心意等。生活中有无数惹人烦恼的小事，每一件小事都有可能成为你心情不佳的原因，但却不是每一个原因都可以成为你向朋友诉苦的理由。尽管有时候朋友们会摆出一副认真倾听的模样，但是也不要什么烦恼都向朋友倾诉。即使你的朋友真的是专门为你准备的一个搁置烦恼的容器，这个容器也有装满的时候，更何况朋友也是和你一样的人。每个人都有自己的种种烦恼，有时候也要给你的朋友向你倾诉烦恼的机会，否则他们迟早会离你而去。

2.学会主动付出

也许你常常想象着世界上会有那么一个人，总会在你有需要的时候来帮助你，而不需要你为他或她付出什么。然而，世界上几乎不存在这样的人。所以，在交朋结友时，不要总是在你需要他们的时候等着他们来帮助你，当你发现你的朋友有需要帮助的时候，也要学会主动付出，不要等着朋友向你求助的时候才出现在他们面前。朋友之间的交往从来不是单方面的，而应该有来有往。另外，在帮助朋友之后，不要总是念叨着你曾经提供的帮助，你真正要记住的应该是朋友对自己的帮助，正如人们常说的“滴水之恩当涌泉相报”，作为女孩更要如此，因为在日常生活中，女孩比男人更需要别人的帮助，所以如果发现有自己能够为朋友做的事，更应该积极主动地去付出，这样结交的朋友才是实实在在的朋友。

鲁迅说过“人生得一知己足矣，斯世当以同怀视之”，但是如果你在这个世界上并没有找到你梦想中的知己，那么就多多地结交一些朋友吧。怀着一颗平常心，将朋友看作是一个与你一样的人，向他们诉苦，也认真倾听他们心中的苦衷，接受他们的帮助，也尽自己所能地帮助他人。怀着一颗互惠互利的心，聪明的女孩一定可以结交到更多更好的朋友。

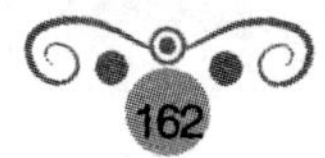

热情是打动人心的力量

女孩有热情,就有年轻,就能战胜一切,就可融化冰块一样的心灵,收获一片连一片的友谊、爱情之花。

热情是一股温暖人心的力量,体现着一个女孩的亲和力,如同女孩的生命。如果你失去了热情,那么你就无法保持活力和青春,就很难在人际交往中立足和成长。女孩凭借热情待人的心态,可以产生火一般的力量,激发出体内巨大的潜能,发展出坚强的个性;女孩凭借热情的心态,可以把乏味的工作变得生动,激发自己的活力,在逆境中崛起,培养自己对事业的积极追求,赢得珍贵的成长和发展的机会;女孩凭借热情的心态,可以感染周围的同事、朋友及爱人,拉近彼此之间的距离,让他们理解你、支持你,从而拥有良好的人际关系。

热情是女孩人际交往的润滑剂,是一种能摧毁偏见与敌意、摈弃懒惰、扫除障碍的良好心态,它比任何暴力更容易改变别人的心意。热情是女孩的一种素质、一种性格、一种行动的信仰,是人际交往中的重要原则。《红楼梦》中的薛宝钗正是用热情的心态赢得了贾府上上下下的人心,最终嫁给了宝玉。

贾府中许多人都看不起贾环,但薛宝钗却对贾环热情有加,以礼相待。贾环在学房放年假回来时,正看见薛宝钗与香菱、莺儿在玩赶围棋,他见了也要玩。“宝钗素日看他也如宝玉”,于是热情地招待了他,并让贾环上来,坐在一处玩。她们玩赶围棋是要输赢钱的,贾环开始赢了,心里就欢喜;后来输了,就着急,接着就要赖。当莺儿盯住不放时,薛宝钗暗示莺儿要让着贾环,为贾环解了围。后来宝玉来了,薛宝钗“生怕宝玉教训他,便连忙替贾环掩饰。”这就说明宝钗不仅待人热情,而且为人处世上也做得很周全。正因为如此,在别的姐妹眼里,薛宝钗是个完美无缺的人。

薛宝钗对大观园里的姐妹以及她们的丫头们亦很热情尽礼。湘云的家里人打发人来接湘云时,姐妹们恋恋不舍,宝钗自也是难舍难分的。但是宝

钗“心内明白,她家里人若回去告诉了她婶娘,待她回家去了,又恐怕她受气,因此倒催着她走了。”宝钗就是这样打心眼里处处为湘云着想,时时关爱着湘云。

薛宝钗的热情周到,办事公平,为她赢得了他人的信任和姐妹们的赞扬,这就是她能在大观园里游刃有余生活的秘籍。《塔木德》中说:“请保持你的热情和礼貌,不管对上帝,对你的朋友,还是对你的敌人。”奉行这一原则,主动展示自己热情的传教士卢咪妲更是受益匪浅。

身为传教士的卢咪妲每日习惯于在乡村的田野之中漫步很长时间。无论是谁,只要经过她的身边,她就会热情地向他们打招呼问好。其中有个叫米勒的农夫是卢咪妲每天打招呼的对象之一。米勒的田庄位于小镇的边缘,卢咪妲每天经过时都看到他在田里勤奋地工作。然后,卢咪妲总会向他说:“早安,米勒先生。”

当卢咪妲第一次向米勒道早安时,这个农夫只是转过身去,像一块石头般又臭又硬。在这个小乡镇里,身为犹太人的卢咪妲和当地居民处得并不太好,成为朋友的更绝无仅有,皆因他们犹太人的身份。不过这并没有妨碍或打消卢咪妲的勇气和决心。一天又一天的过去了,她持续以温暖的笑容和热情的声音向米勒打招呼。终于有一天,农夫向卢咪妲举举帽子示意,脸上也第一次露出了一丝笑容。这样的习惯持续了好多年,每天早上,卢咪妲会高声地说:“早安,米勒先生。”那位农夫也会举举帽子,高声地回道:“早安,卢咪妲小姐。”这样的习惯一直延续到纳粹党上台为止。

卢咪妲全家与村中所有的犹太人都被集合起来送往集中营。卢咪妲被送往一个又一个集中营,直到她来到最后一个位于奥斯维辛的集中营。从火车上被赶下来之后,卢咪妲就等在长长的行列之中,静待发落。在行列的尾端,卢咪妲远远地就看着营区的指挥官拿着指挥棒一会儿向左指,一会儿向右指。她知道发派到左边的就是死路一条,发配到右边的则还有生还机会。她的心脏怦怦跳动着,越靠近那个指挥官,心就跳得越快。很快就要轮到她了,什么样的判决会轮到她?左边还是右边?卢咪妲离那个掌握生死的独裁者还有一段距离,但是她清楚,这个指挥官有权力将她送入焚化炉中。这个指挥官到底是个什么样的人?他怎么能在一天之中将千百人送入枉死城中?终于,卢咪妲的名字被叫到了,突然间血液冲上她的脸庞,恐惧消失得无影无踪了。然后那个指挥官转过身来,两个人的目光相遇了。卢咪妲静静地朝指挥官说:“早安,米勒先生。”米勒的一双眼睛看起来依然冷酷无情,但听到他的招呼突然抽动了几秒钟,然后也静静地回道:“早安,卢咪妲小姐。”接着,米勒举起指挥棒指了指说:“右!”他边喊还边不自觉地点了点头。“右!”——意思就是生还者。

看是热情的心态感动了米勒先生,挽救了卢咪妲的生命。热情是女孩的一种良好心态,如果将这种心态注入人际交往之中,那么无论面对怎样的人或何种心结,我们都能轻松交流,使心结迎刃而解。所以面对周围的人,我们应尽情展示自己的热情和礼貌,主动问候他们。热情的女孩会让人不再觉得人间世事寒冷,而且会使他人内心的冰雪消融、怨恨消除、矛盾化解、心灵净化、气氛融洽,感到人间暖融融、天地亮堂堂。

若女孩在人际交往中能始终保持热情的心态和意识,眼前便会出现暖和的阳光,鼓舞和激励自己采取积极的行动,变消极等待为主动出击,情不自禁地打开真情、真爱的心门,解开一个又一个心结,用心去与人交流、沟通,浇灌自己的人际之花,感染和自己接触的每一个人与自己一道共同奋斗,创造美好未来,构建自信、成熟、美妙、幸福、成功的人生!

女孩要懂得适时沉默

与人相处时,特别是遇到问题产生不同看法时,适时的沉默,并不意味着胆怯、畏缩和无能,反而意味着理解、宽容和尊重,更容易沟通感情和解决问题。

一个普通女孩,生命中能够遇到的大事不多,很少有人会在生活中上演电视剧中热血浪漫的情节。面对日复一日的琐事,人也容易变得琐碎而平庸。而女孩也总是习惯用语言来表达自己,无论是喜从天降抑或是面对挫折,她们总是有太多的话要说。有太多的女孩喜欢抱怨工作、抱怨男人,抱

怨生活给她带来的一切不顺,只有少数的女孩能够勇敢地承认是自己口中的那颗恶果带来了无尽的麻烦。

当女孩学会用理性的目光看待一切,从琐碎的生活中勇敢地抬起头来,在必要时把自己的立场和原则温柔地说出来,并养成适时沉默的习惯,就能远离尘世的喧嚣与浮躁。适时沉默可以让一个女孩矜持、恬静,在旁人的眼里也就宽容与内秀了许多,这往往会让你更具魅力。

懂得生活的女孩,往往深谙适时沉默的益处!

有时候,对于某些人,不必太过坚持自己的好恶。而对于某些事,也不必太认真。这个世界上碰到自己不喜欢的人概率不小,碰到不如意的事也十有八九,这不是什么稀奇事,一个聪明的女孩,不值得因此而丧失那个温柔可人的自己,终日喋喋不休地抱怨,诉说种种不满。生活中,女孩不要有太多的指责和唠叨,这样就会减少很多摩擦和口舌之争。俄国诗人普希金用毕生颠沛的经历教导我们做人、处世的诀窍,他说:"既不希求桂冠,也不畏惧侮辱,赞美和诽谤都平心静气地容忍,更不和愚妄的人空作论争。"与人相处时,特别是遇到问题产生不同看法时,适时的沉默,并不意味着胆怯、畏缩和无能,反而意味着理解、宽容和尊重,更容易地沟通感情和解决问题。

在与人交谈时,适时的沉默,既能体现出人的学识修养,也能避免说出效果不够理想的言语——言多必失。心理学家则认为:适时沉默能使说话者变得冷静,肩部和嘴部的肌肉放松,会更加心平气和,语言流畅。有时候我们茫然于不知如何藏拙,那么,为何不尝试一下适时沉默呢?

在婚姻中,女孩更需要适度沉默。婚姻幸福的女孩,谈到如何经营婚姻时,总不忘提到她们适时沉默的习惯。从古至今,中国人对恋爱和婚姻的心理与特点,都有固执的设定。一般而言,女孩要矜持些才好,男人大都不喜欢女孩唠叨,然而男人纵使多次表达这种不喜欢,也不足以让唠叨的女孩闭上嘴。婚姻中的女孩,往往习惯一边自得其乐地唠叨着家长里短,一边又抱怨着老公挣钱太少,回家太晚,不爱和自己沟通交流,却从未记起适时沉默的习惯。比如家务,男人不做,女孩便要辛苦很多,但是女孩也没有必要为此生气和埋怨,他既然不做,能心安理得地坐享一切,女孩苦口婆心的唠叨又怎能让他拿起抹布呢?说多了反而会让他反感,倒不如沉默一些,让他看到你劳累困乏却强打精神为家尽力的样子，爱你的男人自然懂得如何表达爱。而当女孩拿起唠叨的武器时，男人也会选择敷衍作为盾牌。

作为职业女性，在职场中摸爬滚打非常不易，所以，聪明的女孩应当从踏入职场时就养成适度沉默的习惯。

李想和陈佳在同一家公司工作，是工作上的搭档，两人关系很好，李想结婚之后，确知自己怀孕时，最先就与陈佳分享了这个喜讯。可没想到，就在李想怀孕刚刚两个月的时候，她们所在的公司因管理不善倒闭了，两人就一起重新找工作。

不久，李想从报上得知一家公司正在招聘，她便约了陈佳同去面试。当时负责招聘的部门主管听说她们是旧同事时，还用奇怪的眼光看了她们一眼。第二天，李想就接到了那个主管的电话，要她去上班，她高兴地打电话告诉了陈佳。可是，等李想去报到时，主管却问她："你是不是已经怀孕了？"李想一愣，心想：主管是怎么知道的？主管接着说："我们只需要一个人，本来决定让你来的，可是昨天你那个同事打电话告诉我你怀孕的事情。现在，我只能向你说声抱歉，我不想我的人进来半年就要休产假。"李想这才知道原来陈佳在背后搞了小动作，心里涌起一股情绪，但说不清是愤怒还是悲哀。

从前李想也曾犯过相似的错误，没想到故事重演了，在之前那家公司上班的时候，办公室里有个男同事一直对她不错。有一次那个男同事找了个机会向她表白，说很喜欢她。当时李想已经结婚了，便告诉他这是不可能的，他说他不图别的，只要能经常关心她就很快乐。后来有个和李想关系还不错的女同事发现了他对李想的关心，就问是怎么回事，李想也没多想就告诉了她。但是谁也没想到，没过多久，因为工作上的事情，李想和这位女同事闹僵了，而她为了达到个人的目的，就四处散播李想和那位男同事的谣言。这其中受伤害最大的还是那位男同事，最终他不得不选择了离开，而李想也为此内疚了很长一段时间。

职场是一个人"削尖脑袋"追逐自己最大利益的场所，在这个场所，任何不慎的言语都会给你带来难以估量的损失与麻烦。职场的竞争是残酷而激烈的，与人分享自己的"隐私"就相当于授人于柄，说不定在什么时候你的

“隐私”就会变成别人攻击你的武器。而在所有的隐私当中,个人情感隐私是最忌讳让别人知道的,因为情感隐私一旦泄露,带来的多是无法磨灭的心灵上的伤害。职场上,与同事保持友好的关系是必要的,但是,当你向同事倾诉衷肠时,需要先考虑一下倾诉可能带来的后果。所以,在职场中,学会适时的沉默,更为重要。

女孩要学会“糊涂”

女孩的“糊涂”是一种气度,虽然看尽人间百态,世事洞明,却可以举重若轻,一切都在那莞尔一笑中冰消雪融。

每个人都有自己的生存状态,有些人一生精于算计,得到了几辈子都用不完的财富,然而却把亲情、友情和爱情算计没了,临死之时,那万贯家财自己也不过才享受到九牛一毛;也有的人一生浑浑噩噩,稀里糊涂过生活,每天吃饱了混天黑,没有目标没有理想,到老了回想起自己的一生,也不免有苍凉悔恨之感。

那么,人这一辈子到底该怎样活呢?有句古话说得好:“人生都道聪明好,难得糊涂方为真。”人活着,该糊涂的时候就糊涂一些,这才是过日子的大智慧。

女孩“难得糊涂”。“糊涂”的女孩是幸福的。在家庭中,糊涂可以化解矛盾,可以使家庭气氛轻松和谐:和公婆一起住的女孩,因为年龄的差距和生活观念的不同,很容易产生摩擦和争执,这时候身为儿媳的女孩“糊涂”一些,不要把这些往心里去,而是真心对待公婆,老人自然也会明理退让,大家互相尊重,日子岂能过得不幸福?

女孩的“糊涂”是一种气度,虽然看尽人间百态,世事洞明,却可以举重若轻,一切都在那莞尔一笑中冰消雪融。女孩要“糊涂”,但是女孩不能“糊里糊涂”,要知道,很多时候,很多事还是需要你用一颗敏感的心去感受的。

在丹麦历史上,有一对很有名的科学家兄弟,哥哥尼尔·波耳是物理学家,外向、善言;弟弟哈洛·波耳是数学家,内向、拙于言辞。他们是好兄弟,

一条藤上两个出色的瓜。

一天,哥哥建议他俩来个互相揭短,他觉得这很好玩。弟弟说:“噢,那我可做不到!”

哥哥说:“难道你不想让我快乐吗?”

弟弟只好说:“你先说!”

哥哥开始批评弟弟:“你总是口齿不清,不爱说话,没有人知道你的细心,你的关怀……好了,现在你可以说我了!”

弟弟还是笑着平静地说:“我做不到!”

哥哥急了,便说:“你讲话不算数!”

弟弟这才“嗯嗯”地开了口:“哥、哥,你的衣领上有一根线头。”边说边帮他拿掉。

这便是弟弟拙于言辞的力量,他的言行朴素而深情。

很多人或许就如这个科学家弟弟一般不会表达自己的情感,但是他们总是用自己的实际行动来表示自己对人的关心。大多数女孩都喜欢鲜花、礼物和甜言蜜语,仿佛只有这些才算是爱的表达,或许你的爱人就是一个不善言辞的老实人,或许他从来不曾对你说些海誓山盟的话,但是请你不要怀疑他对你的爱,因为你要清楚,虽然他不曾为你送花,但是在你需要输血时,他会毫不犹豫地挽起袖子。女孩“难得糊涂”,对爱人的不送花、不说甜言蜜语“糊涂”些无妨,但是对他的爱不能糊涂。

在这个世界上生存,聪明难,糊涂更难,由聪明变糊涂更是难上加难。难得糊涂是一种经历,只有饱经风霜的人才能知道“糊涂”的价值。这种“糊涂”并非不明事理,它是人生真正的大彻大悟,是一种简单、平静,既不伤害他人,也使自己的伤害减少到最小的一种最聪明的处世方式。

有一对年轻的夫妇,在感情上发生了问题。男人的心开始有了变化,有了新欢,经常不回家,家里的事情不闻不问。女孩已有了察觉,就是因为对他的爱,家里的一切重担都落在了她的身上。她很爱他,不愿失去老公,也很想和他谈谈。但是根本就谈不下去,除了争吵就是争吵,解决不了实际问题。婆婆看在眼里,急在心里,一个好好的家庭不能就这样毁掉。

一天,儿媳妇情绪很低落,婆婆给她讲了个放羊的故事:“你知道放羊吗？就像现在草原上或农村的放羊，这个放羊也很有学问。有两种羊：一种是圈里圈养的羊，圈养的羊就要花工夫，花钱伺候着它；另一种是放养的羊，就是放到野外去，在每天早上打开圈门，你就让它出去到野外，撒着欢地去找食，等它吃饱了，美够了，它就会哼着小曲自觉地回到它的羊圈里去，它觉得舒服并且踏实。每天开开那圈门，就把它放出去活动，又能自己吃饱，还能得到锻炼，这不是两全其美的事情吗？但话又说回来，等到太阳快要落山了，它也知道很晚了，就自觉地回到它的圈里，这也是它最期望的事。”

但是婆婆又说：“妈让你难得糊涂，可不是让你真的糊涂。难得糊涂，那是没有到关键的时候，到了关键的坎上，那你就糊涂不得了。羊让狼叼走了，你满世界去打狼能行吗？你怎么就不想着去把羊圈修好了，你那圈要是修好了，你的羊才能回来。修不好，你那羊是回不来的呀！亡羊补牢，你应该明白，咱们得先看好咱家的那只羊。”

是啊，“难得糊涂”是在无关紧要的时候糊涂，真的到了大是大非的坎上，任谁都是糊涂不得的。女孩的“糊涂”并非是完全装傻，而应该是一种大智若愚，在掌握大局、心里有数的情况下，收敛自己的锋芒，要知道一旦你锋芒毕露，可能自己也会被伤到。只有做到“难得糊涂”，不去和别人计较太多，这样快乐才能长久。

人们常说“聪明女孩糊涂心”，为了家庭的和睦，夫妻的融洽，一生的幸福，女孩大度一些，糊涂一些，又有什么不好呢？

学会宽容是成熟的标志

宽容就像温暖的壁炉，温暖了冰冷麻木的心；宽容就像不熄的火把，点燃了冰山下将要熄灭的火种；宽容就像一只魔笛，把沉睡在黑暗中的人叫醒。

宽容是一种美德，也是女孩获得交际成功的一个秘诀。但是对待朋友的那份宽容却不是每个女孩都可以做到的，为什么？因为女孩的宽容不但

来自一颗宽广又善良的心，更来自女孩在交际中所表现出来的特有的成熟。所以有人说："学会宽容是成熟的标志。"

在古代曾经流传着这样的一个故事：

在郊外的一座小山边的一所房子里，住着一位老奶奶和她十几岁的小孙女，有一天一个小偷路过并看上了她们家的房子，觉得这么漂亮的房子里一定有不少好东西可以偷。于是，这天傍晚他就骗这祖孙俩说自己是进京赶考的秀才，要在这里借宿一晚。老奶奶听信了他的话很高兴地接待了他，把家里最好吃的东西拿出来给他吃，然而当天夜里，祖孙俩还是发现了他的真实身份。原来，小偷半夜里偷了老奶奶家的东西后，准备出去时却发现他不能去开那扇一动就"吱溜溜"响的木门，于是便打算翻墙而出，但是她家的墙又特别高，因此小偷就打算进屋去搬把椅子来踩着它跳出墙去。夜里老奶奶和小孙女发现屋子里有动静，又看到小偷身背大包小包，一下子全都明白了。小孙女一怒之下准备马上去报官，但是老奶奶却拦住了孙女。老奶奶有自己的办法，她叫小孙女就守在墙边，等候小偷回来。不一会儿小偷摸着黑搬着椅子回到了墙边，但是当他回到墙边时，那里却多了一把梯子。原来这就是那位老奶奶的办法，当小偷发现了守候在梯子旁边的老奶奶时惊慌失措，张口结舌，惭愧万分。面对着这位老奶奶的宽容与慈祥，小偷想起了自己白发斑斑的奶奶，顿时失声痛哭起来。那天之后，他决定再也不偷东西了，他要做一个正直的凭自己双手养活自己的人。

人人都有走错路、做错事的时候，正如故事中的这个小偷，如果当时老奶奶没有拦住要去报官的小孙女，也许这个小偷早已被绳之以法，也许他会被处以重罪，也许他再也见不到自己年迈的奶奶了，也许出狱之后，他仍然是一个小偷，而且终其一生靠偷盗度日。但是老奶奶的宽容却不费吹灰之力地彻底改变了他，这就是宽容的力量。

作为交际场中的女孩，如果有一天你发现你的朋友做错了事，或是做了对你不利的事，你会怎样对待他呢？是像故事中的小女孩一样当面指出他的错误，对他的过错严惩不贷，让他颜面尽失，还是像那位老奶奶一样为他搭起一架宽容的梯子等待他的改过呢？面对同样一件事，采取不同的做法就会有不同的结果，就像故事中的老奶奶与小姑娘，她们一个饱经世事，一个稚嫩天真;一个选择宽容,一个选择惩罚,其实一个女孩在交际场中是否成熟的标志之一,就在于她能否宽容他人。

法国作家雨果曾经说过:“最高贵的复仇方式就是宽容。宽容就像清凉的甘露,浇灌了干涸的心灵;宽容就像温暖的壁炉,温暖了冰冷麻木的心;宽容就像不熄的火把,点燃了冰山下将要熄灭的火种;宽容就像一只魔笛,把沉睡在黑暗中的人叫醒。”宽容他人是女孩最好的交友之道,同时学会宽容也是女孩在交友中的一个成长过程,当你学会了宽容他人的时候,也便成了一个成熟的女孩。

第 8 章

女孩职场往来有眼色，与领导和同事交往要留心机

职场上的女性常常面临比男性更多的压力，很多时候，男性在工作中有更平等的机会，而女性作为一种弱势群体，在职场中往往会受到性别歧视。在某些时候，女性的样貌、身高、体形等外部因素也时常成为用人单位挑剔的因素，女性在这个倡导男女平等的社会中仍面临着巨大的压力。然而社会是不易改变的，所以，女性要适当改变自己，做一个自信、自立、自强的时代新女性。

读懂上司的体态语言

眼神可以表露出多种内心想法，如疑惑、高兴、悲伤、惋惜、气愤、激动等，作为人类面部的重要组成部分，眼睛往往是泄露人类内心的要塞之处。

刚进入职场的女性需要学习的东西很多，既有公司的详细情况，也有公司成员的构成和内部关系，更重要的是要了解自己的顶头上司——这是直接影响自己升迁和工资级别的关键。读懂一个人是需要时间的，所以需要时刻观察、随时交流，还要掌握一些捷径。

1.观察上司的仪表

在我们开始接触上司时，最先注意到的是他的仪表，也就是衣着打扮，如果上司在办公室里常常着装正式，说明这是一个工作严谨的人，这种人在工作的时候一丝不苟，并且严格按照规章制度办事；如果上司着装比较随意，说明这个人为人不拘小节，也更容易相处些。在条例严谨的公司，我们要懂得规范用语，行为举止都要得体，和上司打交道时，要投其所好，如果上司着装正式，我们最好也照做，如果我们一身休闲装出现在气氛凝重的办公室里，就会显得格格不入，而且着装太突出的话，容易被大家所排斥；在工作环境相对宽松的公司，我们就可以随意一点，活跃一点，轻松融入其工作环境中。

2.观察上司的言谈

一个人的综合素质如何，看其谈吐就可略知一二。成功的人士往往能够在各种人际交往中应对自如。如果上司的谈吐简单直白，那他可能是个简单练达的人，我们可以也用相对简单的言辞来和对方进行对话。如果上司说话用词较为专业和复杂，我们也应该拿出相应的专业知识来表现自己在工作上的能力，这样才能尽快取得上司的赏识。

3.注意上司的表情

一个人的表情可以反映出更多语言不能表达的东西，当人类没有语言

的时候，表情语言是非常重要的交流工具。表情语言主要是面部语言，而我们最需要关注的就是对方的眼神。眼睛是心灵的窗户，人类的思想感情在有或者没有语言交流的同时都会通过眼神表现出来。人们的眼神可以表露出多种内心想法，如疑惑、高兴、悲伤、惋惜、气愤、激动等，作为人类面部的重要组成部分，眼睛往往是泄露人类内心的要塞之处。

清朝末期，曾国藩曾经召集自己所率军队的各部主要将领开会，商议讨伐太平天国的注意事项，曾国藩说了一番话："各位将领都是随我一路拼杀过来的，我先谢过各位。如今，又有洪秀全作乱，扰乱国之太平，我们拿朝廷俸禄，定要将其一举铲平。现在洪秀全从长江上游下据江宁，故曰：江宁是他的重要据点，我们已经收复了湖北、湖南两省，只剩下皖省……"曾国藩说到这里，眼神里不禁流露出热切盼望的神情。

这时，还没等曾国藩继续往下说，将领李续宾听出了话音，接茬说道："大帅可是想要我们一举攻下安徽?"

曾国藩的眼神从地图上挪到李续宾身上，眼神里透着欣赏和赞叹，说道："续宾真是深得我心，看来你早有准备。诸位将领不要不服，续宾在识破大局、宏远规划上确实比各位略胜一筹。"

李续宾凭借着察言观色，读懂了曾国藩的眼神，赢得了曾国藩的信任和赏识，更加巩固了他在湘军中的地位。

学会辨析上司的眼神是非常重要的，在这里，我们需要注意上司的视线方向、眼神是否游离、目光注意焦点等，上司的这些眼神变化能给我们带来巨大的启发，从而帮我们读懂其心理。

4.注意上司的身体语言

人们在说话时往往伴随着一些不自觉的身体语言，如手势、头部动作、身体动作等。例如，在你汇报工作的时候要注意上司的神情，上司在听汇报的时候一般不会打断你，但常常会有些头部动作，如轻微的点头或摇头，这时你就知道自己哪里让上司满意和不满意了，然后即便领导不提出意见，你也应该知道从何去修改，当然，必要时还需要上司确认，然后再交给上司审阅，这样就会更容易赢得上司的信任和赏识。

总之，在了解你的上司之前，要先学会读懂他的体态语言，这样可以帮助你更迅速地融入新的工作环境，并在工作中更加得心应手。

 随机应变，上司出错巧帮忙

帮助上司解围有各种技巧，关键是能够做到恰到好处、不露声色。

谁都有出错的时候，但是上司在我们面前出错是一件相对比较棘手的事情。当我们遇到这种情况时，既要顾及上司的面子，又要不动声色地指出上司的错误所在，让他不至于继续错下去，这样损失才会降到最小。

上司出错从场合上来看，有私下和公众两种。在私下的场合，如果只有你和上司两个人，上司交代你去处理一件事，可能他说错了地址，你这时可以提出："我记得您和我说过是去另一个地方拿东西，是我记错了吗？"这种委婉的提醒，会让上司觉得你不是在质问或怀疑他，而是在怀疑自己，不仅让上司保住了颜面，还能够让他顺其自然地改正自己的错误。如果是在公众场合，你就要学会更巧妙地掩盖上司的错误，并让他了解并及时改正。比如在一个交易会上，迎面走来一位老总，上来就和你的上司打招呼并握手，可你的上司的表情明显是忘记了这位老总的具体姓名和身份并正在思考，这时你该发挥作用了，你应该主动上前去和这位老总打招呼、握手，并在寒暄的同时将自己所知道的信息传递给你的上司，你可以说："刘总，最近房地产的生意如何？"这样，既自然地问候了对方，还暗示了这位老总的身份。接下来你就可以把话语权继续交给自己的上司了。这样，你就不动声色地帮了上司的忙，这时上司的心里已经对你非常感谢，但他也不会露于言表，而你知道自己的话语起了作用就好，也不必提醒你的上司嘉奖你的功劳，因为他必然会记住你这个"救星"的。

上司出错从事情大小来看，有大小之分。如果上司只是犯了一个小错误，比如口误之类，如果别人都没有觉得有伤大雅或者听不懂具体的意思，你也应该当作一个小插曲，让它过去，而不需要认真地去提醒上司犯了什么错误，否则可能会因为一个小小的并无大碍的错误影响上司和公司的形象，

你的前途就会堪忧。当然，如果上司的错误涉及重要条款或机密，你就应该及时提醒上司并指出其错误所在，不然你作为一个下属就有失职之过。例如，在上司代表公司与另一方签合约时，填错了款项金额，你就该及时地做出决断，该耳语和上司说出情况还是适时当众改正就要看情况了。总之，应根据事情轻重缓急采取不同的处理方法。大事大办，小事小办。如果这件事情涉及多方面并且错误比较严重，那就必须当机立断，在各方还没注意到的时候就帮助上司改正错误；如果事小，也就不必太过在意了。

帮助上司解围有各种技巧，关键是能够做到恰到好处、不露声色。总结起来，就在一个“巧”字上。这一“巧”不但可以让上司轻松解围，而且可以无形中获得上司对你的好感和欣赏，这将是你今后进阶的有力武器。

在办公室中，做一个随机应变的人，不仅能处理好和同事之间的关系，还能和上司和睦相处，深得上司之心，你也能赢在无形之中。

善于和领导交往

和领导相处是一种艺术，该用正式语的时候用正式语，比如汇报工作时，必须要用相对正式的语言来汇报，而在和领导的日常交流中，就可以用相对口语化的语言。

现在有些年轻女士不敢与人交往，她们仿佛患上了社交恐惧症，整天把自己关在家里，网络是她们与外界交流的唯一方式，这就是所谓的蜗居生活。她们已经不习惯去人多的地方，害怕和朋友聚会，这使本来就孤立无援的她们更把自己推向了孤独的深渊。这种社交恐惧症的形成原因有很多，但主要是因为个人内心的自卑、不自信。她们总是担心自己会说错话，在做一件事之前总是思前想后而不去行动。如果不能尽快地剔除这种心理羁绊，势必会影响她人生的正常发展。只有敢于走进各种各样的交际圈子，把自己的才华慢慢展露于众人之前，慢慢学会评价和交流，慢慢提升自己的人格魅力，我们才能在工作中更有信心。

心理学家常说，一次成功的交往经验，会很快消除一个人在人际交往中的恐惧和不自信，多一次成功的人际交往经验就多一份自信，与领导交往更要打破这种自我的不自信。

1. 要善于与领导交往

每个人在人格上都是平等的，不论是在哪种社交场合下，你都不必感觉低人一等，要以平等的姿态和领导相处，这样会让你自己觉得信心倍增。在职场中，领导也不希望自己的下属是个什么都不会说的榆木疙瘩，不懂得交流的人很难做好工作，和其他员工也可能相处不好等，领导会从多方面考虑你是否合适你所在的岗位，所以想要干好自己的工作，还是要学会与人交往，特别是要善于和领导交往。

2.与领导交往时的注意事项

在打破了不敢与领导相处的僵局后，就要考虑与领导怎样交流比较合适的问题。即便你和领导在平日里相处得比较好，但是你也不要忘记，在职场中，领导的地位是不容置疑的，在正式的场合要注意规范用语，随意的场合也要注意保护领导的威严。

另外，在与领导交往时，还要注意以下几点。

(1)要选对时机。时机在与领导交往过程中是非常重要的，如你希望自己的工资能有一定的涨幅，就要选对时机。在公司业绩不大好的时候，提这种要求势必是在给自己找麻烦，因为这时领导已经为公司的发展滞后而焦头烂额了，你再要求加薪的话，只会让领导觉得不舒服，很可能会影响你今后在公司中的发展。但是如果在公司业绩蒸蒸日上时提出这种要求，领导就不会觉得太突兀，尤其是当你的业绩很突出时，领导会觉得你提的要求很是时候。

(2)用语恰当。恰当的用语不论在何时都是很重要的，如果你对领导说话像对普通朋友那样，就太过随意了，不要忘记领导始终是领导，对领导的用语要多一些尊重。每个人都是在其位，谋其事，有些做惯了领导的人，也习惯了下属的察言观色，如果你和这样的领导胡乱说话，就有可能给自己造成麻烦。

(3)言简意赅。太过烦琐的语言往往不能取得很好的效果，和领导交往

最好言简意赅，把要说的话以最简单易懂的方式表达出来，领导没有时间和你磨洋工。

(4)不温不火。做事有条有理、不温不火的人最容易获得领导的信任，因为这样的人总是沉稳大方，而在和领导交往方面，这样的人不用把握尺度已是最好的尺度。

总之，和不同领导交往，要把握的尺度也是不同的，所以要靠你自己在职场中不断摸索。

说服领导的几点技巧

能够设身处地为领导着想并能时刻洞察领导心理的员工，总是能在自己的岗位上工作得如鱼得水，永远都不用担心自己哪天会丢掉工作。

说服一个人要“晓之以理，动之以情”，说服领导也不外乎这八字真言。领导也不是不讲人情的，你的恳切的态度会在说服领导时发挥积极的作用，但是决定你是否成功的关键还是看你的“理”是否充分，“情”只是一个必要条件，而“理”是充分条件。

比如，作为某个方案的策划者，我们想到的可能远远没有领导想到的多，想要领导通过我们的方案，就应该从一开始就站在领导的角度考虑问题。不仅要想到方案是否新颖吸引人，还要考虑到各部门的协调、人员的协调、时间的协调、资金的调动等。下面以此方案为例，谈谈说服领导的技巧。

1. 要从领导感兴趣的问题入手考虑

一开始领导可能会怀疑一切，但是倘若你能投其所好，设身处地为领导着想，从领导的角度考虑好各方面的问题，并提前做出一个协调方案，这样给领导省出的时间越多，你成功的概率也就越大。

2. 说话点到为止

我们可能会将自己做出的方案滔滔不绝地介绍给领导，但是对于领导来说，那不过是众多方案中的一个，他并没有必要非采用你的方案，就算你

觉得自己的方案再好，也不要夸夸其谈，在基本介绍过后，留下你的方案，让领导自己考虑，毕竟领导才是真正的决策者。

3.不能逼迫领导作出决定

领导需要时间来权衡各方利弊，就算你的方案近乎完美，也要给领导留下思考的时间，如果你步步紧逼，反而会使你的方案“落水”。

4.为领导着想

能够设身处地为领导着想并能时刻洞察领导心理的员工，总是能在自己的岗位上工作得如鱼得水，永远都不用担心自己哪天会丢掉工作，他的前途一定是光明的。如果能把握住领导内心最迫切的愿望和想法，就更能助你一臂之力，否则你想要做的事总会面临重重阻力。

到了夏天的时候，很多人都会去水库钓鱼，这是一项休闲的好项目。但是，人们喜欢吃的东西未必鱼儿也喜欢吃，所以不是什么东西都可以挂上去当鱼饵的。如果我们投其所好，挂上一只蚯蚓，肯定会很合鱼儿的胃口。想钓到鱼，必须要有合适的鱼饵，好鱼饵可以引诱鱼儿上钩，想要说服领导，也要有好的“诱饵”。在你高谈阔论你的所需时，领导完全没有必要去理会你的个人目的，他需要的是纵观大局——整个公司或者部门所需要的。所以，如果你想说服领导听你的建议，你必须要想领导之所想，急领导之所急。

有这样一个故事，有一天，爱默生想把一头小牛赶到牛棚里去，但是他怎么也驯服不了那头小牛，尽管那头牛的个头小，但是力气却很大，爱默生的儿子也前来帮忙，他们一个在前面拉，另一个在后面推，可牛怎么都不愿意挪地方，他们就这样僵持着，这时他家的女仆看到了这一场面，那女仆只是一个没有多少文化的普通的女子，她不像爱默生一样能够写书，也不会引起别人的注意，但是就这一次，至少在这一次，她展现了爱默生没有的聪明才智，因为她更了解那头小牛。在这时，她想到了那头小牛不过是饿了，并想找到自己的母亲，女仆过去把自己的拇指放入小牛的口中，小牛自然吮吸了起来，就这样，女仆慢慢地把小牛引入到了牛棚，让它到了它真正的母亲身边。

在亚弗斯德教授的代表作《影响人类的行为》一书中写道：“事实上，支配我们行动的是我们的欲望……不管是在商业、家庭、学校还是政治生活中，我能给那些想说服别人的人最好的建议就是要先去了解别人最迫切的欲望。只有做到这点,才能更快地达成你的目的,不然,你将失望而归。”

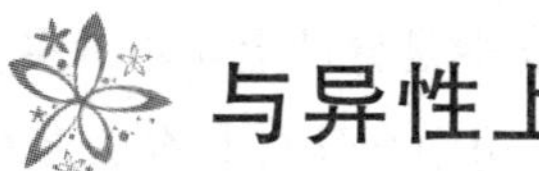

与异性上司相处的智慧

女性本身在职场中有其独特的优势,只要能够发挥她们的优势,就能为公司增光添彩。

与上司的相处是一门学问,特别是与异性上司相处更需要技巧,下面几条也许会对不知如何与异性上司相处的你有所帮助。

1. 要和异性上司保持一定的距离

女性在职场中处在一个比较敏感的位置,和异性上司既有不可避免的接触,但也要相对保持礼貌的距离,不能太近也不能太远,就像驾照考试中的进出库一样,太近了会碰到警戒线,太远了又不合格。在你第一次和异性上司见面时,要尽量给他树立美好的第一印象,第一印象在很多时候都非常重要。比如,清楚地介绍你的名字,并以独特的方式加以解释;简单地介绍自己的背景、兴趣、爱好等。

在工作中,和上司保持距离不能明显地表现出来,因为你面对的是上司,上司还没亲近你,你就把他疏远了,这可不是什么好主意,所以要不露声色地保持距离。远近有度,这个度也是需要你自己在职场中慢慢摸索的,实践才能得出真知。

2.发挥女性的优势

人们在形容职场女性时,常常会用“才女”和“美女”两个形容词,但是才女往往让人想到这位女性可能是相貌平平,但是能力很强;而美女常常让人觉得是个“花瓶”。但是现在社会竞争激烈,单单能力强或者长得漂亮都不足以在竞争中获胜,所以就在美女充电提升自我能力的时候,才女们也在学习化妆和搭配技巧,甚至通过整容使自己变得更漂亮。

其实,女性本身在职场中就有其独特的优势,只要能够发挥她们的优势就能为公司增光添彩。

(1)女性比男性在语言方面更具天赋,女性天生就具有良好的表达能力,思维更加感性抽象的女性往往能看到事物的深层方面,女性和男性看问题的角度不同,也常常能和异性上司起到互补的作用。在竞争激烈的职场中,能够迅速嗅到行业前沿信息的敏锐女性是异性上司不可多得的人才。

(2)女性更善于精打细算,这也是公司中会计行业有更多女性的原因。

(3)女性比男性更坚韧。从外表看似柔弱的女性其实内心比男性更坚强,在遇到打击时,他们不会像男性决定那么快,而是更能冷静地思考并解决问题。

(4)女孩的直觉。这常常是电视电影中的经典台词,但是不可否认,女性的感性直觉在某些时候确实比常规的分析更管用,而异性上司也可以多多利用这一方面。

(5)女性的团队协作能力更强。尽管女性也有很多弱势,但异性上司更看重的是这些优势。所以,与异性上司相处时,要时刻注意发挥自己的优势,只有这样,才能在众多员工中脱颖而出。

3.展示自己的职场才干

爱才之心,人皆有之。不管你的容貌如何,才能永远是一个人在职场中立足的根本。女性在职场中要洁身自好,以才取胜。领导一般都会有爱才之心,因为他必须从大局出发,以公司的发展和壮大为己任,所以,女性必须不断提高自己的职场才干。在工作中,以低姿态做人,高姿态工作,只有业绩最能证明你的实力。

4. 用语要得当

和异性上司谈论工作或者聊天时要注意用语,不要说太随便的话或朦胧的含挑逗性的话,要处处表现得大方、稳重。

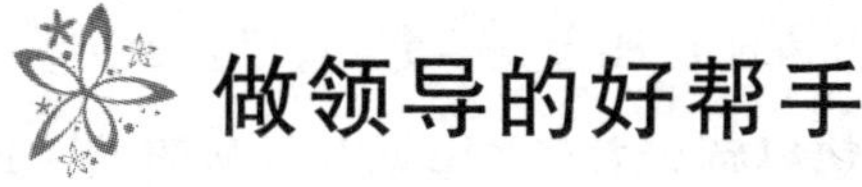

做领导的好帮手

职场如同没有硝烟的战场,自己的人品是最大的保证,自己的业绩是最强的武器,拥有这些,领导自然会对你刮目相看。

大人物也是从小人物做起的，想要成为一个成功的人，就要先做好自己的本职工作，而要做领导的得力助手，首先也要出色完成自己该做的事。比如，你是上司的秘书，那就要在上司上班前就把每天的报纸摆在桌上，适时泡好上司喜欢的茶或咖啡端到上司的面前，为上司安排好每天的行程，这些都是一个秘书该做好的本职工作。做好本职工作是一个员工最基本的素质。

作为一名员工，除了要做好自己的本职工作外，更重要的是想领导之所想，甚至于要想到领导所未想到的，这样才能做领导的好帮手。当领导习惯有你在身边时，你也就成功了一半，另一半还是要靠你自己的业绩来体现，成绩也是你能力最好的证明。当你既会做人，又有成绩时，你离成功也就不远了。

如果在上司想要什么东西时，你能够提前帮他准备好，当上司有什么难言之隐时，你也可以不动声色地帮他把事情办好，那就更好了。领导最喜欢这种员工，不管遇到什么事，都能为他完成所有该准备的事，既能做好自己的分内工作，又能做好其他可以做的事。

当然，还有最重要的一条，那就是要做一个真诚的人。只有为人真诚才能够在公司立足，才能有协助领导的机会。如果一个人为人奸诈、做事偷懒，永远不会得到别人的欣赏。职场如同没有硝烟的战场，自己的人品是最大的保证，自己的业绩是最强的武器，拥有这些，自然会让领导对你刮目相看。

当有一天你的存在成为必然时，如果你不在了，领导会突然觉得身边少了一个左膀右臂式的人，这时，领导已经把你当成他的得力助手了，他总会让你去做一些他觉得别人可能办不好的事，当有一些深造或晋升的机会时，领导也会自然地想到你。

罗伯特·胡雅特，当初是无意中涉及了饭店这一行，当他最早去饭店学徒时，并没有想到以后自己也会做到饭店老板。在他做服务生时，他接触的人开始变多，他本身又是个开朗的人，通过交谈，他得知在饭店学英语能更好地与国外客人交流，后来在工作中，由于他的流利英语，帮助他赢得了总经理的青睐，经理给了他出外考察的机会。后来他回国之后老板给他涨了工资并给他提供了更多机遇，他成了老板的得力助手。不管是外语还是他自学的法律，不仅让酒店生意越来越好，也给老板省去了不少的投资。后来他得到了华尔道夫大饭店总裁的青睐。最后他拥有了自己的国际性大饭店。他凭借自己的努力让老板一次次地给他机会，正是他不断地积极向上才让老板把他当作是自己的得力干将。

胡雅特的经历值得我们深思，只有做好准备的人，才能为自己赢得机会，成为领导的好帮手，进而拥有属于自己的事业。

与领导相处要把握尺度

二十几岁的年轻女性，初涉职场，与领导的沟通是否通畅，与领导关系是否融洽，都与今后的职业生涯和事业发展有着非常重要的关系。

女性在与领导相处的过程中，只有把握好自己，才能使事业稳步发展，一定要注意几个问题。

1.与领导交往要有分寸

作为领导，他是你的上级，你应该对其表示应有的尊敬和礼让；但是同样作为人，你们却没有太大区别，工作不分高低贵贱，领导和下属只是分工不同罢了。所以也没有必要逢迎拍马、阿谀奉承，只要做好本职工作就好。

如果你和领导有着非常不错的私交，那么私下往来就好，在公众场合一定要分清上下级关系，说话做事都要掌握分寸，维护领导的尊严和威望。如果是与工作有关的事，一定要通过正常手续和步骤进行。

2.保护领导隐私

即使与老板关系很好，也不要出现行为随便的现象，进出领导办公室要先敲门，等领导允许后再进入。进入办公室不要偷瞄老板的电脑、文件、手机等重要信息，如果偶然发现了领导的隐私，要装作没看见或没看清，并且注意保守秘密，不胡乱传播，更不可在办公室谈论领导的家事和私人关系。

3.与领导巧妙沟通

在工作中，与领导巧妙沟通对自己的工作会有很大帮助，不仅可以提高工作效率，也可以最大限度地发挥自己的潜能。

做到良好沟通必然要正确理解上司的命令和要求，切忌似懂非懂莽撞行事。不懂的问题一定要问清楚，如果真的出现错误，要勇敢地承认，不要把责任推给领导，更不要说“不是您让我这样做的吗?”之类的话。

4.对领导表示谢意

在与上司共同进餐时，如果上司提出请客，要真诚地表示谢意；在领导给你多发了奖金或是私下给你红包时，都要在恰当的时候表示感谢，但千万不要明目张胆地向领导送礼。

5.尊重领导但千万不要爱上领导

如果恰巧你的异性上司长得不错，能力也很强，对人态度也好，又多金，那么肯定是会受到众人瞩目了。如果有一天你发觉自己已经不禁对上司产生了莫名的情感，那么赶快打住，好好想一想吧，如果不是有十足的把握和理由，还是不要冒险为好。

扬扬在一家中型公司上班，她天真活泼、时尚浪漫。工作了一段时间之后，她爱上了她的老板。她的老板是那么有魅力，高大帅气、温文尔雅，仿佛任何难题到他手中都可以迎刃而解，而老板对她的好感仿佛也没有拒绝。扬扬从侧面了解到，老板结婚已经很多年了，有一个刚上小学的女儿，和老婆的关系好像不是很好，但是很能和下属打成一片，对下属十分关心。

扬扬向老板表达了自己的爱意，而老板也没有拒绝。有时他们一起出去吃饭、看电影，就像普通男女朋友那样约会。经过一段时间的了解，扬扬知道老板和老婆之间已经没什么爱情了，两个人经常好几天都不说一句话，老板喜欢向扬扬倾诉一些自己的孤独和苦恼，扬扬觉得自己就是老板要找的人，扬扬沉浸在恋爱的幸福和喜悦当中，自然而然地也和老板发生了一切关系。

可是好景不长，有一天，老板的老婆跑到公司来，当着众多同事的面给了扬扬一个耳光，还说扬扬是狐狸精，破坏他们的家庭。扬扬感到很委屈，可是她却找不到老板的人影。同事开始在扬扬身后指指点点，在工作中扬扬也失去了和同事的和谐，那些原本和她有交往的同事也都渐渐远离了她。

后来老板终于回来了，扬扬向老板诉苦，说自己多么忍气吞声，要求老板离婚和她在一起。可是老板告诉她，离婚是不可能的，和老婆在一起这么多年，早就像亲人一样了，而且两人有孩子，不想给孩子留下阴影，还有各种复杂的社会关系都很难处理。相反，和扬扬在一起，也许只是自己一时冲动，如果扬扬觉得这种关系不能接受，那他也只好和扬扬断绝关系了。

最后，扬扬两手空空地离开了公司。

女职员爱上老板，注定会是悲剧收场，真正能够成为神仙美眷的少之又少。一般人，都是经过多年打拼才能坐到领导位置的，所以年纪一定不会很小，不太可能没有过任何感情经历，而且大多三十岁以上的人都有过结婚经历。扬扬明知道自己的上司有家庭，还义无反顾地去介入，只把"他们之间已经没有感情"当做理由，最终却两手空空地离开了公司。可见，爱上容易，为爱负责却很难，如果因此丢了饭碗，就更是得不偿失了。

第9章

把握与同事交往的恰当方式

职场如战场，职场上的每一个人都在进行着一场没有硝烟的战争。稍不留神，就有可能成为这场战争的牺牲品，战死沙场。若我们不能选择置身于职场之外，就只能勇敢面对，小心谨慎地往前走。在前进的过程中，我们一定要学会与同事交往的艺术，巧妙运用交际技巧，努力把同事团结在自己的保护罩中，为自己在这场战争中赢得一席之地。

与同事交往要注意细节

每个人都渴望受到别人的赞美,得到他人的肯定,只要你善于挖掘同事的优点,在适当的时候给予真诚的赞美,那你就掌握了和同事友好相处的妙招。

同事关系是职场中非常重要的关系,我们每天与同事在同一个屋檐下,大家抬头不见低头见,可以说,同事陪我们一起渡过了一天大部分的时间。好的同事关系可以营造一个和谐的工作氛围,使大家顺利地完成工作任务,保持身心愉悦。相反,如果你所在的公司同事关系紧张,彼此一见面就互相嘲讽,那你整日为一些小事生气,工作起来也不会顺心。

其实,同事交往除了工作上的事,无非就是那些芝麻绿豆点的小事,只要你深谙与同事交往的艺术,做事注意细节,懂得在适当的时候对同事表示赞美,不触犯他们的禁忌,那同事也会亲切地对待你。

有一次,李燕在街上偶遇公司的同事王哲,王哲为人很热情,提议送李燕回家。这是李燕第一次坐王哲的车,当时正值上下班高峰期,路上车辆行人较多,交通拥挤,但王哲开车稳而快。这时,李燕开口说道:“交通状况这么差,你还能开得这么快,真不简单!”

王哲的驾驶技术确实高超,尤其对在繁华道路上如何行驶更有自己的独到之处,但从来没有人像李燕这样夸奖过自己。顿时,王哲心里美滋滋的,不由地对李燕心生好感。

后来,王哲和李燕成了无话不谈的好朋友,也经常在工作中相互帮忙。

每个人都渴望受到别人的赞美,得到他人的肯定,只要你善于挖掘同事的优点,在适当的时候给予真诚的赞美,那你就掌握了和同事友好相处的妙招,为自己筑起了一座人缘大厦。

老张的坏脾气是公司里出了名的,见了谁都绷着一张脸,好像谁欠了他钱一样。

一天,小李高高兴兴地给老张送来一包玉米饼子,送来时小张说:“你不

是说你特怀念农村的玉米饼子吗，我这次回老家特意让我妈做了些，你尝尝味道怎么样？”

经小李这么一说，老张才恍然想起，在一次公司聚餐的时候，自己曾提过在农村下乡时最爱吃农村的玉米饼子，可自从知青返乡以后，他就再也没吃过了，心里一直很怀念玉米饼的味道。

老张说时并没有在意，想不到说者无心，听者有意，自己随口说的话小李竟然放在了心上，还真的给自己带玉米饼子来了。

后来，公司同事们惊奇地发现，老张还是逢人就摆出一张臭脸，唯独见到小李时会微笑着打招呼。

同事的随意话语，别人都忽视了，小李却把它放在心里，并达成了同事的心愿。每个人都会因为自己被重视而高兴、感动，也会因为他人的关心而倍感温暖。

与同事交往，我们可以注意的细节还有很多，比如不探听和揭露同事的隐私。心理学研究表明：谁都不愿意将自己的短处或隐私在公众面前“曝光”，一旦被人曝光，就会感到难堪而恼怒。因此，对于同事的一些短处或隐私，最好的办法就是装聋作哑，不去打听和追究。

另外，与同事交往切忌抬杠。交谈之中我们难免与同事争辩，有些人偏偏喜欢争论，有理就要争，没理也要争三分。其实这种做法很有可能会导致你的同事因此心情不爽，从此记恨在心。想想，如果你在办公室中处于四面楚歌、群起攻之的境地，那你的日子还能好过吗？

雷婷刚刚到报社不久，但她已经在单位中树立了不少敌人，同事们都不喜欢她，原因就在于她那张得理不让人的嘴。

有一次，她和一位同事一起讨论中美关系，那位同事很崇拜美国，在那大谈特谈美国的强大，认为凭美国的经济和军事实力，可以消灭地球上的任何一个国家。

雷婷却对同事的观点不以为然，几番讨论之后，她批评同事不懂政治，不了解历史，不懂哲学辩证法。为了证明自己的观点，她还从网上查阅了许多资料来证明自己的观点，搞得那位同事在整个办公室丢尽了脸。

类似这样的事情还很多，就这样，雷婷将办公室的同事都得罪了，大家开始疏远她,孤立她,最后在单位中就只能看到雷婷一个人落寞的身影。

与同事交往千万不可小瞧了交际细节,它们虽然不起眼,却可以不费吹灰之力地让你赢得同事的欢心,成为拨动人际关系"千斤"的"四两"。在职场中打拼的我们,要深谙同事交往的艺术,留意细节,在小处做文章,让自己成为办公室的"宠儿"。

把握好职场友情的分寸

对待职场友谊要小心为慎,拿捏好分寸,为自己画一条牢固的安全警戒线,也为职场友情编织一条保护网。

徐慧和白子珊是一家广告公司同时招聘的新人,从事文案策划的工作。因为都是新人,年龄相近,性格也相仿,所以很自然地成了好朋友,经常在一起吃饭、逛街,有时白子珊还开玩笑地说:"为什么我们两个人都是女生呢,如果我们之间有一个是男生的话,那咱们就可以谈恋爱了。"

有一天,老板接到一个手机广告的项目,要求所有策划人员拿出一份文案,并将所有文案进行比较,然后从中选择最佳方案。老板对这次的文案策划很重视,不仅提出了丰厚的奖金,据说做得好还可以升职。

这样一来,所有的策划人员都蠢蠢欲动起来,大家查资料、加班,干得热火朝天,唯恐落在别人后面。徐慧和白子珊当然也不例外,两个人在努力备战的同时,还经常就自己的文案与对方讨论,而对方也总能适时地提出自己的意见。

经过一段时间的准备之后,终于到了文案推介会那天,但令大家跌破眼镜的是,徐慧和白子珊制作的文案竟然是一模一样的。

霎时间,推介会炸开了锅,徐慧当场指出是白子珊抄袭了自己的策划案,而白子珊则说是徐慧窃取了自己的劳动成果,双方各执一词,互不谦让。

因此,老板大发雷霆,当场宣布要彻查事情的真相,由于策划案做得非常好,真正的作者将会被提拔为主管,而抄袭者将会被公司开除。

经过一周的仔细调查,事情终于水落石出。原来,是白子珊见徐慧的策

划案做得好，就趁她不注意的时候抄袭了她的作品。

最后，按照老板的承诺，徐慧被提拔为主管，而白子珊则被公司开除。从此，两人由昔日的好友终成了陌路。

在职场上，如果两个人谈得来又志同道合，就很容易建立“职场友情”。智联招聘曾发布了“职场谎言调查”报告，结果显示两成受访者认为职场上难找到可靠的人，尽管如此，仍有三成受访者渴望获得职场友情。

职场上的朋友，可以为你的工作提出意见和建议，让你在工作中保持愉快的心情，甚至成为你事业上的助推器。但是，对方也很可能是埋在我们身边的定时炸弹，一旦有利益冲突，就会把你炸得粉身碎骨。

有个故事，直接而形象地描述了职场友情的微妙关系：两只刺猬，由于寒冷而拥在一起取暖。但因为各自身上都长着刺，靠得太近就会被对方扎到，离得太远，又会冷得受不了。几经折腾，它们终于找到了一个合适的距离，不会太痛，也不会太冷。职场友情也正是如此，我们需要为它找一个“温暖又不至于被扎”的距离。

职场友谊有时并不那样单纯，它可能是建立在利益基础之上的，我们对待职场友谊要小心为慎，拿捏好分寸，为自己画一条牢固的安全警戒线，也为职场友情编织一条保护网。那么，如何才能建立完美的职场友情呢？

1. 职场友情，保持适当的距离才会美

职场友情在交往上要把握分寸，过分热络或者过分疏远都不是很恰当，让对方感到既舒适又安全才是最好的距离。在公司相处时，切忌将公事和私事混为一谈，同时也要注意声音和身体语言的运用，注意措辞不必太过亲密，要避免在公司内部炫耀与某人的友情。

2. 职场友情，要坚持“防人之心不可无”的原则

在职场上的朋友，有些是建立在利益基础之上的，目的是获得更多的生意、更多的信息、更多的支持和帮助。当利益发生冲突时，友谊自然而然也会发生变化。所以，要切忌将自己或工作上的秘密告诉职场上的朋友，当他不知道这些秘密时，你是安全的；当他知道了，你可能就不安全了。

3. 职场上的朋友，也需要关心和帮助

俗话说：“朋友多了路好走”。对于职场上的朋友，我们也要本着真诚的态度、谦和的心态去认真对待,在工作中给予对方适度的支持、理解和包容。这样有利于你在职场建立良好的形象,说不定某一天我们还会有意想不到的收获。

总之,职场友谊有时比较复杂,当你决定在职场里交密友时,你可以选择为人两肋插刀,但不可被人背后捅刀。切记,理性对待职场友情,拿捏好分寸,为自己找一个"温暖又不至于被扎"的距离。

幽默随和助你赢得人心

幽默、随和是极易接近感情的热线,它能令你的同事卸除心理防备,在工作中感到轻松、愉快和温馨。

幽默随和是一种才华,更是一种力量,它以轻松愉悦的方式表达了人的真诚和善良。它像一座桥梁,拉近了人与人之间的距离,弥补人与人之间的鸿沟,它也是每一个希望减轻自己人生负担的人所必须依靠的"拐杖"。

幽默随和的人,使人快乐、愉悦,聪明的人善于利用自己的这种品质,使自己在职场的各个角落畅通无阻,处于不败之地。

袁子峰的坏脾气是公司里出了名的,动不动就发脾气,与同事发生冲突。同事们都孤立他,动不动找他麻烦,这令他很困扰。

他将自己的烦恼告诉了好朋友林奇,林奇听后哈哈大笑,说:"你终于也发现自己有问题了,哥们儿,就你那种臭脾气,任谁也不会喜欢你的。"

见林奇这样幸灾乐祸,袁子峰狠狠地瞪了他一眼:"那你说我该怎么办啊?"

"见了同事笑一笑,人家做得不好,你耐着点性子教,别动不动找话批评人家。还有,时不时地说些幽默的话,和同事们搞好关系。"

这次袁子峰真的把林奇的话听进去了,他开始和同事们打招呼、微笑,偶尔还会夸同事的优点,再也不像以前那样吹毛求疵了。

有一次,一位曾经和袁子峰有过过节的同事说他是两面派,袁子峰很生气,但还是压住了心中的怒火,笑嘻嘻地说:"让同事们评评理,如果我还有

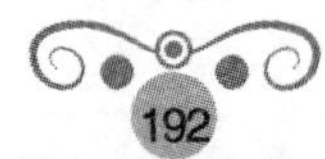

另一副面孔的话，我还会戴这副难看的面孔吗？”

大家听了之后，不禁哄堂大笑起来。原来，袁子峰的相貌不是很好看，但他并没有回避这个问题，而是利用它拉近了和同事之间的关系。

从此以后，同事们见了袁子峰都乐呵呵的，再也不找他麻烦了，没事还会找他聊天，约他一起去玩。

林奇听了袁子峰在公司的故事后，得意地对袁子峰说：“还是我教你的那招管用吧，要在职场上混，幽默随和是必不可少的。”

假设你面前有两个人，一个言语风趣，为人随和；另一个为人苛刻，还长了一张苦瓜脸。如果让你从中选择一个做你的同事，那会选择哪一个？我想，所有的人都会选择前者，因为没有人会为了黑暗放弃光明，也没有人会把自己置于一个苦闷的境地。

与随和的人相处，我们不必担心犯错，因为他会给我们改过的机会；与幽默的人相处，我们可以在工作中看到乐趣，保持心情的愉悦。而与苛刻的人相处，我们必须小心翼翼地走好每一步，唯恐一个不小心就被对方训斥得一无是处；而天天对着一张苦瓜脸，我们甚至可能会对自己都产生怀疑，觉得是自己做得不够好，才使得人家没有一丝笑脸。

幽默随和是极易接近感情的热线，它能令你的同事卸除心理防备，在工作中感到轻松、愉快和温馨，它像春风一样吹进人的心田，暖暖的很舒服。

美国作家特鲁说：“幽默随和可以帮助你解决人际关系问题。当你希望成为一个克服障碍、赢得他人喜欢和信任的人时，千万别忽视这种神秘的力量。”

同事交往，难免发生矛盾、误会和摩擦，只要我们调动幽默、随和的细胞，就等于在摩擦而发烫的齿轮中，注入了几滴润滑剂，使同事之间不至于碰得火星四溅，撞得疤痕累累。

幽默随和不仅可以帮你赢得同事的欢心，还能化解你和同事之间的冲突，把敌人变成你的朋友。即使是铁石心肠的人，他的心也需要呼吸快乐的空气，享受被包容呵护的贴心。因此，幽默随和，会一根根拔下他身上的刺，让他卸下对你的防备，被你的人格魅力所感染，并深深地爱上和你在一起的感觉。

美国卡耐基大学的研究人员曾就“事业成功之因素”对上万人进行过调

查。其结果是，在影响个人事业成功的因素中，技术和智慧所占比重为15%；良好的人际关系则占比重的85%。可以说，幽默随和也是事业成功的催化剂，它能在职场上帮你获得良好的人际关系，会使你的同事乐于帮助你、教导你，使你在技术上精进，在职位上节节高升。

幽默随和是一种高雅而可贵的情趣，是智慧和感情的结晶。具有幽默感的人，往往是一个乐观主义者，为人处世比较灵活，更容易与同事建立良好的人际关系，在给大家带来欢心、舒心的同时，也会使自己成为职场的骄子。

真诚地关心每一位同事

越是冷漠的地方，越需要人心的温暖，而职场更是一个需要温暖的地方。只要我们不吝啬自己真诚的关心，那同事的心，即使是冰山，也会被一点一点地融化。

穆言大学毕业后，一直在一家软件开发公司做编程工作，有一天他去医院找一位医生朋友，却意外地在朋友的办公室遇到了公司的同事魏蓝。

魏蓝见到他有些意外，却什么也没说就走开了。后来，穆言从医生朋友那里得知，魏蓝有先天性心脏病，今天到医院是做例行检查的。

穆言一下子震惊了，自己虽然与魏蓝不熟，但从没在公司听说过她有病，而且她在单位那么开朗，一点都不像有病的样子。医生朋友还告诉穆言，有心脏病的病人要经常喝水，还要保持身心愉悦的心情。

穆言在公司看到魏蓝的时候什么也不说，好似他根本就不知道这件事一样。可是，公司的同事却惊奇地发现，每天早晨，魏蓝的办公桌上都会有一杯热水，还多了一盆仙人掌。大家笑着说有人在追求魏蓝，并问她这位追求者是谁，魏蓝却说不知道。

其实，魏蓝知道水是穆言放在她办公桌上的，仙人掌也是穆言送的，但她明白，这并不是追求，只是鼓励，因为仙人掌的花语是坚强，穆言只是在默默地关心自己的同事。

再见到穆言的时候，魏蓝趁别人不注意，轻轻地说了声："谢谢！"

穆言微微一笑，说："不客气。"

同事在我们的生活中到底扮演着什么样的角色呢？每一个工作日，同事和你相处的时间最长；你的生日到了，同事会送你温馨的小礼物；你被领导批评了，同事会在一旁给你安慰；逢年过节，同事会给你送来亲切的问候。因此，同事在我们的世界里，并不仅仅是一起工作的人，他们也越来越多地进入我们的生活，成为我们的朋友，是我们人际交往中不可或缺的一部分。

也许，职场上的尔虞我诈早已使我们习惯了披着圆滑世故的外衣过活，在这个弱肉强食的领域中，谁都不肯也不敢付出自己的真心。可是，越是冷漠的地方，越需要人心的温暖，而职场更是一个需要温暖的地方。只要我们不吝啬自己真诚的关心，那同事的心，即使是冰山，也会被一点一点地融化。

真诚地关心你的每一位同事，把他们的事当作自己的事，把他们的困难当作自己的困难，在他们生病时送去你真诚的慰问，在他们感到疑惑时提出你真诚的意见，在他们满腹委屈时做忠实的听众。要像家人一样尊重、关心这些在职场上和你并肩作战的最可爱的人们。

真诚地对待每一位同事，心中就不能有等级贵贱之分。如果你真诚对待的对象只是公司的老员工或领导，那你的关心就很可能是别有用心。这样的你，很有可能会成为同事们厌恶、排挤的对象。但是，如果你连扫地的阿姨、看门的大爷也能真心相待，那大家就会认为你是一个真诚、善良的人，而这样的人，大家也乐于与你结交，乐于支持。

许诺在单位里是出了名的好心肠，如果哪位同事生病了，她就会热心地陪她去看医生；如果有人因为加班不能接孩子，她就会说自己正好去那附近办事，可以顺便帮这位同事去接孩子；如果谁和恋人吵架了，她就会给他们当和事佬儿，给他们拉红线；如果……

许诺真心地关心着每一位同事，而她的真心、真诚也感动着公司的每一位人，大家相互包容，把关心彼此当作理所当然的事。在这种和谐友爱的氛围中，公司的业绩也蒸蒸日上。

其实，许诺不仅心肠好，她的能力也是有目共睹的，她总是能很轻松地就把难缠的客户摆平。

有一天,经理在开会时明确表示要在同事中选拔一位有能力的人做主管,要大家投票选举。公司共有五十人,竟有四十六人选许诺,许诺自然毫无争议地成了公司的新主管。

好的人际关系是事业上的助推器,可以使自己步步高升,许诺的故事向我们证明:职场上并不是每一个人都是尔虞我诈、自私自利的,只要你真心实意地对待每一位同事,大家也会真心希望你将来能有好的发展,并在适当的时候助你一臂之力。

闭上眼,想想你的同事,他们在你脑海中是什么样的形象,你们曾为了公司的一个重要活动连续好几个晚上加班到深夜;你们曾一起奋战,共同抵抗公司的竞争对手;你们还曾在周末的时候一起到郊外去烤肉。回想种种往事,难道你不觉得同事就像家人一样值得珍惜和保护吗?对于这些曾经与我们同甘共苦而将来也将和我们并肩作战的同志,难道我们不应该真诚地关心一下吗?

真诚地关心你的每一位同事,你的同事也会真诚地关心你。付出一份关心,你就会收获一颗真心,而用真心包裹着的你们的友情,也将会坚不可摧。这份友情会在你心灵空虚时给予你慰藉,在你需要帮助时伸出援助之手,也会在你危难时将你紧紧托起。

巧妙应对办公室冲突

给了人一巴掌,再给人一个甜枣,这种做法不一定见效,但总比打了人之后什么都不给强。

"今天是谁把文件掉在外面走廊了?这可是公司的重要文件,如果落到竞争对手那里,后果可不堪设想。"马双走进办公室,"啪"的将文件甩在办公桌上。

"不就是一份文件吗,有那么严重吗?"原来文件是李欣不小心掉的。

"不严重?你犯了错误也不知道悔改,这就是你的工作态度吗?咱们到

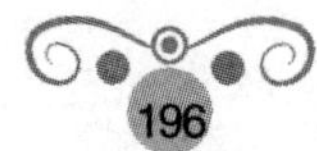

经理那里评理去。”

“别动不动就找经理，这点小事自己都处理不了，那还有什么本事？”

“你，你……”

李欣和马双是公司里出了名的死对头，两个人明里暗里不知斗了多少次，只要抓到对方的把柄，就肯定不会善罢甘休，非得让对方吃到苦头才高兴。

这天下班后，马双一个人回到家，想想自己这段时间和李欣的较量，谁也没占到便宜，却耗费了两人不少的精力。这种日子她真的受够了，她也想和李欣和平共处。

“昨天是我不对，我不该小题大做，我向你道歉。”隔天到了办公室，马双竟然向李欣道歉了，办公室一片哗然，今天两人这是上演的什么戏啊？

听到马双的道歉，李欣当场就愣住了。

“你是在和我道歉，还是有其他的企图？”李欣怀疑地问马双。

“我真的是在和你道歉。你想想我们这段时间，每天尽想着怎么和对方作对了，工作也做不好。我真的累了，咱们握手言和吧！”马双真诚地说道。

看着马双认真的表情，再回想起两个人最近的斗争，李欣也觉得很疲惫。仔细想想，大家都是同事，又何必呢？

“其实我也有不对的地方，也请你原谅。”说完，两人相视而笑。

美国盖洛普公司的一项覆盖全球100万名工作者的调查指出：“处理不好与同事的关系”是导致离职最重要的原因。有人因为冲突惨遭小人陷害，有人因为冲突而丢了工作，还有人因为冲突而臭名远扬。办公室中，与人为善，大家都可以相安无事，但与人为恶，那就一定要付出一些代价了。

长时间共处一个办公室，同事之间很可能会因为升迁、考绩、沟通等问题产生一些不愉快。刚开始，你可能只是默默忍受，不与对方计较，但时间长了，可能会争吵几句，更严重的，还会大打出手。

其实，办公室冲突是可以避免的，关键是看你选择如何面对。如果能恰当运用一些人际互动技巧，不仅能在职场瘟疫爆发前打上“心理疫苗”，也能在瘟疫暴发后运用以柔克刚的方法隔离疫情。

美国职场教练米兰达·肯尼特曾建议人们在发飙之前先花些时间，以冷眼旁观的心态诚实地自省，分析一下这个人为什么针对你。很多时候，一个人在你面前的表现不代表他的本质，而是你给他加上了某种个人标签，先入为主地认为他是针对你，然后积怨就会越来越深。这种错误的想法，通常是导致冲突进一步恶化的根源。

有一个女孩在喂自家的驴，驴心急了就往前拱，不小心咬到了女孩的手。女孩大叫："我好心好意喂你吃的，你居然咬我。"这时女孩的爸爸来了，他一边将驴赶走，一边安慰女儿："它不是咬你，它只是友好得有点着急了。"

在办公室中，有些人性子急，就不自觉地得罪了人，其实他不是故意的，也不是针对某个人。这时一定要搞清楚状况，他并不是针对你。遇到这种情况，你不妨对自己说："晕，今天被驴咬了一口。"

如果冲突真的发生了，这时你要想化干戈为玉帛，就得做好道歉的准备。给了人一巴掌，再给人一个甜枣，这种做法不一定见效，但总比打了人之后什么都不给强。道歉前最好先打好腹稿，避免感情用事、言语伤人，这时可以套用的沟通格式是：引发的事件、自己的感受、对未来的希望。比如，"你昨天在众人面前批评我，这让我很受伤，我很希望今后避免这种事情的发生，我们就此谈一谈好吗？"看到你的大度表现，对方通常不会轻易拒绝你的好意，也许还会心生愧疚，自我检讨。

在职场上，多个朋友永远都比多个敌人更可靠。冤家宜解不宜结，何必要把矛盾扩大化。想想自己工作的目的，无非是多多挣钱，为自己谋个好的前程，而和别人起冲突实在是违背了你的本意，既然如此，就要放平心态，将冲突消灭在萌芽状态，不要让战火蔓延。